AUTHOR'S
6

MAMUKAI
BOOKS GALLERY

AUTHOR'S 6 CONTENTS

COVER's STORY
　　今日の顔　　　　　　　　　　　　　　　　　　　青山 京子

4　仰向けの蝉　　　　　　　　　　　　　　　　　　小林ヨシオ
　　真っ青な空と真っ赤な夏の詩

14　ゲセルと聖水　　　　　　　　　　　　　　　ガルチン・アリヤ

28　帰還　　　　　　　　　　　　　　　　　　　　一宮 晴美

36　森の陽射し　　　　　　　　　　　　　　　　　夏川 夏奈

46　出会いのコラージュ　　　　　　　　　　　　　星埜 恵子
　　――中止々呂美へ 水の時空――

56　日本映画感傷往来
　　閉塞感を吹き飛ばした「釣りバカ日誌」　　　　　吉村 久夫
　　映画の再興は人づくりから

70　飲んで歌って踊ろう、キューバ！　　　　　　　志治美世子

86　我が内なる"難民"問題　　　　　　　　　　　　皐　一

94　これからの出版に感じること　　　　　　　　　向井 槇

100　今号の作家プロフィール

仰向けの蝉

真っ青な空と真っ赤な夏の詩

小 林 ヨ シ オ
By　Yoshio Kobayashi

初夏晩夏十歌

仰向けの　蝉が自分に　見えました
掴んだ途端　飛び立ちました

軒先の　雨だれ一つ　頬に落ち
さらに悲しき　人になりけり

道すがら　片目の猫に　会いました
威風堂々　往来の中

紫陽花の　花満開の　路地裏に
痩身の猫　雨避け走る

毎日が　漂っただけの　水クラゲ
辿り着きたし　八月の海

しっとりと　汗ばむ肌に　蚊が止まり
日の丸浮かぶ　我の腕哉

晴れわたる　空の向こうに　梅雨空が
待ち伏せしてる　刺客のように

無秩序に　絵の具ばら撒く　街の色
目にやかましく　雨に濡れても

八月の　暦にひとつ　花が咲く
ペンで書かれた　可憐なしるし

夏木立　青きが上に　夕雲の
如き飛びたる　薮蚊の柱

問題のある子供

思春期の頃
燃え盛る太陽の日
世田谷線に乗って
若林というところに行った
民家の間を抜けて走る
一車両の電車は
問題のある子供を
一人乗せたきり
暑さにも負けず
なんの問題もなく走った
若林にある少年センターに
少年は一人もいなかったけど
白い開襟シャツのおじさんは
ヤカンの麦茶を僕に注いでくれた
おじさんはとてもやさしく
僕に１００くらいの質問をした
「友達にスパイみたいな真似をされたことがあるかい？」
「…ありません」
「友達にスパイみたいな真似をしたことがあるかい？」
「…ありません」

仰向けの蝉／小林ヨシオ

「麦茶のおかわりをあげようか」
「いただきます」
麦茶のヤカンの向こうに見えている
金網を張った窓の外で
燃え盛る太陽はただじっと
僕が建物から出てくるのを待っている
その夏一番の眩しさで
僕をやさしく包もうと
心の中で僕はつぶやいた
「もっと暑くなれ！」

波のまにまに

誰もがみんな
お寺の坊主
赤いこころで
話します

誰もがみんな
黒衣の天使
挽歌哀歌を
歌います

誰もがみんな
不遇な絵かき
青の時代を
つづけます

誰もがみんな
のろまな走者
白いホームに
生還します

此岸彼岸も　波の隨に

紫陽花の日

夏の日がやってきた
花の記憶をたずさえて
暗がりの葉の裏で
人生の扉は開かれた
まだ見ぬ君たちのために
音符をひとつ
またひとつ
砂利道の上投げつけた
水色の靴汚したら
スタッカートの三拍子
暗く湿った一日が
少し素敵に思えた日
傷つきようもなく
また笑いもしない
だって人生の扉を
ほんの数センチ開けてみただけだから

6さいの白日夢

麦わら帽子
顔に被せて
目を覚ます
ぬれた青草
手に触れて
おもいだす
虫かごの中
カマキリが
ギザギザと
泣いていた
先生きらい
だいきらい
花壇の横で
僕の足もと
すくったよ

仰向けの蝉／小林ヨシオ

尻餅ついて
血がでたよ
だけどぼく
クスクスと
わらったよ
先生の目が
人気ものに
なりたくて
わらってた
甲虫なんて
いやしない
今度は先生
僕の小さな
虫かごの中
ギザギザギザと
泣いている

手ぶらで生まれてきたけれど

手ぶらで生まれて
きたけれど
手に入らない
ものばかり

あちこち歩いて
みたけれど
手の届かない
ものばかり

路傍の花ならいらないよ
ハワイもハノイもわからない
夢は食べても味がしない

手ぶらで生まれて
きたけれど
六文銭すら
ままならぬ

追懐・にっぽんの夏

朝顔に明け
気付けば蝉時雨
木々にこだまし　耳鳴りとなる

正午に人影なく
日盛りの道
在るのは蜃気楼と　青空に咲く向日葵の花

積乱雲は
その純白の裡に
夥しい雨を隠して　日に焼けた少年を追い掛ける

夕餉前
弄ばれたホオズキの実は
指先と西の空とを　橙色に染めてゆく

湯上りに浴衣清しく
風鈴越しに空見上げれば
あれは向日葵の残像か…　「ドーン」と鳴った

ゲセルと聖水

ガルチン・アリヤ
By Galqin Aliya

※この作品は、モンゴル・チベットに古くから伝わる英雄叙事詩「ゲセルハン」を下敷きに、モンゴル高原のある集落に暮らす少年ジョルの数奇な運命を描くファンタジーです。天の息子ゲセルは雲の鳥に乗って人間世界に下り、草原の民チャルキンとアロンの息子、ジョルとして生まれる。ジョルの持つ不思議な力と奇数な運命に周囲の人々は圧倒され、ゲセル自身もまた、自分の宿命の謎を一つ一つ解き、真の事実に辿り着く。
中国内モンゴル出身の著者が「モンゴル的なファンタジーを日本の人々と分かち合いたい」と、四年近くの歳月をかけて日本語で執筆し、原稿用紙800枚の大作となりました。2017年7月、全編を単行本にし、まむかいブックスギャラリーより刊行します。(編集部)

はじまり

　果てしなく広がる雲海に険しい黒崖が浮かんで見える。
　崖の上部に横に突き出た大きな岩に、男の子が立ち竦んでいた。血だらけになった彼の服と黒い髪が、通り風にあおられてなびいている。彼が立ち向かう先には洞窟があり、暗がりの中から黒い煙が噴き出ていた。
「気をつけて…」
　微かな呟きが聞こえてきた。男の子が立つ岩の横の絶壁に、中年の女がかろうじてしがみついていた。彼女の体は空中にぶらさがり、顔は青ざめ、肩から赤黒い血が流れている。
　勢いよく噴き上がった煙とともに、洞窟が激しい音を立てて崩れた。中から真っ黒な煙の塊が現れた。その物はのろのろと姿を現し、黒い煙の渦で覆われた体を細長く伸ばし、男の子の方へ向かってきた。白い雲を背景に、不気味に動く体と、尖った頭、その真ん中で残忍な光を放つ一つの赤い目玉を、男の子はじっと見つめていた。
「火の獣だ」
　彼は呟き、左手に持つ刀を横に身構えた。空から降り注ぐ太陽の光が頑強な刀面に反射し、眩しく光った。火の獣はゆっくりと頭をもたげ、上空に伸ばした体を揺らしながら、男の子を睨みつけた。そして体を縮めて、猛烈な勢いで男の子に迫ってきた。男の子は素早く横に退き、握った刀で火の獣を力いっぱいに切りつけた。耳をつんざくような悲鳴が上がり、火の獣は男の子を煙の渦に何度か巻き込みながら、

青い空へ散っていった。
　煙に強く打たれてバランスを失った男の子は、仰向けになったまま雲海へ落ちていった。
「ジョル…」
　男の子と火の獣との戦いを見守っていた中年の女が、男の子を空中で拾うように雲海に飛び込んだ。二人の体は、崖下に無限に広がる雲海にのみこまれていった。

　この物語のはじまりは、七年前にさかのぼる。

第1話　雲のガルダ

　ここは洞窟の入り口なのか、それとも暗闇に包まれた白い光の前なのか…。
　アロンは目をこすりながら、周囲の様子をよく見ようとした。だがはっきりと見えず、ひと部屋くらい大きさの、ぼんやりとした丸い白い光が近付いてきていた。その光の中に、長い白ひげを生やした小柄なおじいさんと、黒い髪の毛を後ろに結んだ大柄なおばあさんが、大きな石を挟んで座っていた。二人の話し声が聞こえてきた。
「これでいいのか…」おじいさんが不安そうに聞いた。
「ほかに方法があるか…。行けるところまで行ってみるしかないじゃないか。そうじゃないと、この縁が切れるものか…」おばあさんが覚

悟を決めたような声で言った。

「いつかすべてが明らかになる時…どんなことになるか…」おじいさんの声が曇った。

「それはその時…」

アロンがいることに気付いたらしく、おばあさんの声が途絶えた。二人の視線がアロンに向いた。

「ここの生活に慣れたか」おじいさんは心配そうに尋ねた。

アロンは戸惑った。おじいさんがほかの人に話しかけているのかと思って、周囲を見渡した。誰もいなかった。暗闇が無限に広がっているだけだった。

「もうすべてを忘れているから…」おばあさんがためらうアロンを見て、朗らかな声で言った。「もっと近付いてくれ…」

アロンが一歩前に進み、白い光の輪に入った。柔らかい光に包まれ、暗闇に浮いているようだった。

「この子のこの上ない懇願で…」おじいさんが改まった声を出したが、すぐに声色を変えて、優しく言った。「この子を育ててくれ…」

その声が途絶えかけた時、白い光の向こうの端に男の子が現れた。アロンはとても懐かしく感じた。心が震え、思わず涙ぐんだ。

「母ちゃん…」男の子は懐かしそうにそう呼びながら駆け寄り、アロンの手を握った。

アロンは声を詰まらせた。涙が堰を切ったようにこぼれ落ち、目の前の景色がかすんで見えた。男の子の温もりが、手を通して伝わってきた。アロンはまばたきした。涙でうるんだ光景が、徐々にくっきり

と見えた。
　おじいさんとおばあさんは、男の子の後ろで満足そうに微笑んでいた。そして、歩き出していないのに、足元が滑るように動き始め、自分と男の子がだんだん白い光の輪から遠ざかっていった。
　やがて、白い光の塊が小さくなり、最後に暗闇の中で消え去った。アロンと男の子は薄い光の輪に囲まれ、暗闇の果てへ漂っていった。頭上で雲が渦巻きながら通り過ぎていく。アロンはどこに辿り着くのか少し不安だったが、隣に立つ男の子が見せる落ち着いた顔を見て、ほっとした。しばらく進むと、暗闇の果てに白い線のような隙間が現れ、そこへ落ちて行くように感じた…。
　アロンは、そこで目覚めた。
　目を開けて明かり窓を見ると、星が消え、空は既に白んでいた。そろそろ起きる時間だと思い、隣に寝ている夫チャルキンを見た。ぼんやりとした明かりの中で、夫の黒くて広い眉毛が目に入った。
　彼女はさきほどまで見ていた夢を思い出して一人で微笑んだ。心地良い夢だった。掌を胸に置くと、心臓の鼓動がいつもより早く打っていた。

「夜明けに変な夢を見たの」
　アロンがお茶を入れながら、機嫌良さそうにチャルキンに言った。
「白ひげの老人が陽気な男の子を連れてきて、私に、この子を育ててくれと言ったの」
　アロンは嬉しそうに夫を見た。チャルキンは黙って、茶碗を取った。

「昼間の思いが夜の夢になるというじゃないか。お前、あんなに子供をほしがっていたから、それが夢になったんだろう」

「子供のことは、もうあきらめたわ。この年で子供ができるなんて、期待していないけれど」アロンは軽くため息をついて、持ち上げた茶碗の縁を見つめた。

少しの沈黙のあとアロンが続けた。

「でも、その夢はいきいきしていて、本当の出来事のようだったの。その子もどこかで会ったことがあるように親しみを感じたわ。男の子が「母ちゃん」と呼んだ声や、手をつかんだ時のぬくもりが、今も感じられるの」

彼女は右手をそっと握った。チャルキンは熱いお茶をふぅ、ふぅと吹きながら飲み干し、席を立った。

「今日、俺は狩りの話し合いに行くから、お前がかわりに羊を湖に入れてきてくれよ。羊群れは西の丘にいるからさ」と、チャルキンは言い残して出かけた。アロンは自分の話を聞こうとしない夫をがっかりした目で見送り、一人になって呟いた。

「もう少し聞いてくれても…。久しぶりのいい夢なのに。村のことになるといつも一生懸命になって」

馬の走り出す音が屋外に響き、家の中に静けさが戻った。アロンは木製の粗末なテーブルを拭き、その上にあった木の食器を片付けて、家を出た。羊群れが緩やかな西の丘に沿って散らばっていた。

アロンの夫、チャルキンはオボート村で誰よりも勇敢な狩り人で、

誰よりも勤勉で働きものだ。チャルキンとアロンには、二人が望んでいるにもかかわらず、子供がいなかった。また、二人の生活はあまり余裕がなかった。というのは、チャルキンはいつも貧しい隣人を助けていたからだ。

　チャルキンには二人の兄がいる。上の兄チャルンと下の兄チョドンだ。チャルンはもう六十過ぎていて、老人会の一員だが、村の行事にはあまり参加しなくなっていた。老人会は村人が尊敬する経験豊かな三人の老人から成り立つ会議で、部族長を決めたり、村の大きな行事を監督したりする。チャルンには子供が四人いたが、長男は狩りの途中に誤って亡くなり、次男も病で亡くなった。そのあとを追うように妻も病で亡くなった。今は娘ノミンと末息子のアルシを心の支えに暮らしている。アルシは六歳で、叔父のチャルキンに付いて村の行事に参加したり、家計を支える手伝いをしたりしていた。彼は年のわりに背が高くて、行動が素早く、外見も父チャルンの若い頃に似ていて精悍だ。チャルキンはアルシを連れて狩りに出て、技を教えるのが楽しみだった。

　チャルキンの下の兄のチョドンは部族長で、村一番の権力者だ。彼は経済的にも村で最も恵まれていた。彼の亡くなった前妻には子供がなく、二番目の妻との間に息子が一人いる。チョドンはチャルンやチャルキンと違って、何よりも権力や財力を大事にしていた。

　アロンは家の横に立てかけていたシリブールを持って、羊群れのいる西の丘の方へ向かった。家に一頭しかいない馬は夫が乗って行った

から、彼女は歩いて行くしかなかった。彼女は歩きやすいように、ミルク色の服の長い裾を巻き上げて帯に挟んだ。

　ふだんは夫が羊群れについて行くが、狩りや村の行事がある日はアロンが羊を追って出る。二人が飼っている羊は十頭足らずだが、心優しい夫は、家のことで精一杯で羊の世話まで手が回らない村人たちの羊の面倒まで見ている。二人の家の右隣に住んでいるソムンの家の羊たちも、昨年、チャルキンが自分の群れに引き取った。ソムンの夫が病で突然亡くなったので、幼い息子ハルと二人で残されたソムンは、十数頭の羊の面倒を見る余裕がなかったのだ。また、川の向こうに住むハシ老夫婦の羊たちも、ずっと以前から面倒を見ている。ハシ老夫婦とチャルキンたちは血縁関係にはないが、両家は何世代にもわたって親しい関係を築いてきた。ハシおじは酒に酔うたびにチャルキンに言い聞かせることがあった。それは大昔、ハシおじの祖先がチャルキンの祖先を守り、この土地に一緒に逃げて来たという話だった。ハシ老夫婦の息子とその嫁は二年前に相次いで亡くなった。今、老夫婦は幼い孫娘と暮らしているが、彼らの面倒もチャルキンたちが引き受けていた。

　アロンは羊群れの後をゆっくりと歩いた。

　「本当にいい天気ね」彼女はそう呟いて、空を見上げた。薄青い春の空が、清らかな緑の草原を覆い、白い雲が空のところどころに高く漂っていた。彼女は爽やかな北風が運んでくる新鮮な草の香りを胸一杯吸った。

　羊群れは、緑の大地に大きな白い葉っぱのような形を描きながら、

ゆっくりと風のなびく方向へ進んでいた。羊たちは村の裏にある湖に行くことがわかっているようだった。村人たちはずっと昔から、月に一、二度、羊を追って湖に行く習慣があった。湖の岸や水は塩分が豊かで、ふだん川の水を飲んでいる羊が喜ぶのだった。

　アロンと羊群れは、昼すぎに湖に着いた。
　湖は、緑の大地に大きな鏡を置いたように日差しに反射して、きらきらと輝いていた。ところどころ青く沈んだ湖面は、北風を受けて数えきれないほどの細い波を立てていた。湖の向こう岸で水鳥が飛び降りたり、飛び上がったりして、清らかな鳴き声を出していた。春になって再び故郷に戻ってきたことを、仲間とともに喜び合っているようだった。湖岸に白く輪のように固まったものが際立って見える。それが羊の大好物の塩の塊だ。羊たちは湖に着くと、塩の塊をなめはじめた。一頭もその場を離れようとせず、久しぶりの塩の味を楽しんでいるようだった。
　アロンは湖岸の草の上に座り、帯に結んでいた水袋と小さい布袋に入れたコムギ餅を取り出した。歩いている時はわからなかったが、座ったとたん、朝から歩き続けた疲れがこみあげてきた。全身がだるく感じられて、草の上に俯せになった。暖かい日差しと柔らかい風が、体を心地良く包んだ。そのうち眠気がふわーっと襲い、風の音や水鳥の鳴き声、羊の鳴き声が遠くに聞こえるようになった。アロンはまどろみながら、眩しい日差しを手で遮り、指の間から空を見上げた。青い空のかなたに、大きな鳥のような形の雲が現れていた。その雲の鳥は

巨大な翼を広げて、湖の方に降りてきている気がして、意識がすっと遠のく気がした…。

　アロンが目覚めた時、太陽は西の山の方に傾きかけていた。羊群れは湖の近くの緩やかな丘に広がっていた。何頭かの羊はお腹がいっぱいになったのか、座ってのんびりと反芻していた。

　アロンは起き上がって、服についた草の葉を落とし、シリブールを手に取った。そうして脇に置いたまま食べなかったコムギ餅の入った布袋と、水袋を帯に結び直して、羊群れの方へ向かった。かなり長い時間昼寝をしたはずなのに、疲れはとれていなかった。むしろ湖に着いた時より全身がだるく、のどがとても渇いているように感じられた。アロンは水袋の水を一気に飲み干したが、喉の渇きは癒されなかった。重く感じる体をようやく前に運びながら、羊群れをゆっくりと追って家に向かった。

　アロンが家に着いた時、日はすっかり沈んでいた。チャルキンは戻っていなかった。彼女は疲れ切っていて、家に入ると靴も脱がず、食事もとらず、ベッドに横たわった。

　翌日アロンが目覚めた時、すでに午後になっていた。チャルキンは羊群れを追って出かけたらしく、家にいなかった。チャルキンが作ったのだろう、食卓にはすっかり冷めたご飯が置かれていた。よく思い出してみると、アロンは昨夜ベッドに横たわってから一度も目覚めず、ぐっすりと眠っていたのだ。

　彼女はトルガの火をつけて、ご飯とお茶を温めて食べた。お腹がす

いていたので、二食分のご飯を平らげてしまった。食事を終えると体が温まり、力が湧いてきた。

　家の外に出ると風はなく、昨日より暖かく感じられた。ソムンが家の前で、物干しにかけた布団を叩いていた。歩き出したばかりの息子ハルが、今にも転びそうなおぼつかない足取りで子羊を追い、家の周囲を歩き回っていた。アロンはその穏やかな光景を目にして、思わず微笑んだ。

　緩やかに延びる西の麓に、羊群れが広がっていた。その手前に、何頭かの牛の姿が見えた。彼女は牛の姿を眺めながら、昨夜も今朝も乳を絞っていないことを思い出した。チャルキンはミルクティが大好物で、ポット一杯分のお茶を平気で飲み干してしまう。チャルキンが三度の飯よりお茶にうるさいことは、近所に知れ渡っている。その彼も、昨夜からミルクティを飲んでいないはずだった。アロンは夫に申し訳なく思いながら、麓の方を眺めた。

　「日が高いからまだ間に合うわ」彼女はそう呟いて、家の東に積んであったアルガルを物入れにいっぱい抱えて、家の中に入った。そして夫の大好きな肉麺を作ろうと、粉袋の底に残っているコムギ粉を取り出した。その粉は、昨年の冬前に、チャルキンがアルシを連れて南村に行き、狸の皮と交換してきたものだった。

　彼女が粉を混ぜていると、馬の走る音が近付いて家の外に止まった。聞き慣れた足音が響き、夫が扉を開いて入ってきた。

　「こんなに早くどうしたの？」アロンがびっくりした声を出した。

　「大丈夫か？」チャルキンは不安そうな表情で尋ねた。

「何が？」

「だって、びっくりしたよ。君はずっと寝てしまって、昨夜も、今朝も、何度呼んでも返事がなくて。動かしても目覚めないし…熱を出した様子もなくてさ」

「それが…」アロンは昨日の出来事を思い出しながら話した。

「昨日家に帰った時、とても疲れていて…少し休むつもりで横になったけれど…目覚めたらこの時間になっていたわ。ごめんなさい、乳も搾ってなくて…」アロンは申し訳なさそうに夫を見た。

「まあ、そのことは別にいいけどさ」チャルキンがミルクの入っていないウリル茶をお椀に入れながら言った。

「それでこんな早く帰って来たの？」アロンが驚いて目を丸くした。

「そうだよ。まだ目覚めないようなら、オドガンに診てもらおうかと思ったんだ…」

チャルキンはそう言って、食卓の横にあった椅子に座った。

「そんな…心配ないわ」アロンは夫の真剣な表情を見て、思わず笑った。チャルキンはアロンをじっと見て、ほっとしたようにお茶を飲み干して席を立った。

「もう戻らないと。羊をバルに頼んできたからさ」

「途中で牛を見た？　いたら家の方に向かせておいてね。早めに牛乳を搾りたいから」

「うん」

再び出かけるチャルキンを、アロンは見送りに出た。チャルキンはつないでおいた馬の横に立つと、ふと思い出したようにアロンの方を

振り返った。
「そういえば、昨日見た？　雲のガルダ」
「何？」アロンには、チャルキンが何のことを言っているのか、わからなかった。
「村じゅうが大騒ぎだったよ。昨日の昼くらいに大きな雲のガルダが湖の方に降り立ったって…。村の人が見たらしい…」
チャルキンは怪訝そうな顔で言ったが、ふだん神や鬼の話をちっとも信じない夫がそんなことを言い出すことに、アロンは驚いた。
「雲のガルダ？」アロンが首を傾げた。「水鳥はいたけど…」
アロンは頭の片隅で、昨日の湖のことを思い出していた。湖岸でまどろんでいた時、指の間から鳥の形をした大きな雲が見えたような気もしたが、それが夢だったのか、現実だったのか、よくわからなかった。チャルキンはアロンが上の空であることに気付かず、自分がバカげた話をしたと言わんばかりに「まあ、そんなことがあるわけないだろうが…」と決めつけるように言った。
「これまでガルダなんか見たこともないし。伝説の鳥だろうし…」
チャルキンは馬に乗って、颯爽と西へ向かった。アロンは遠ざかる夫の後ろ姿を眺めながら、立ち竦んでいた。
大きな雲の鳥が湖の方に降りているのは夢だったのか、現実だったのか…。思い出そうとしてみたけれど、何も思い出すことができなかった。そのうちアロンは夕方の家事に追われて、雲のガルダのことを忘れてしまった。

【モンゴルの用語解説】

羊群れ　　羊の群れのこと。人群れ、狼群れという言い方もする。

シリブール　柄が1・5～2メートルくらいある鞭で、柄の先に縄が付いている。

　　　　　羊を追う時などに使う。

トルガ　　モンゴル式の火をつけてご飯を作るところ。石や鉄などで作る。

アルガル　乾燥させた牛の糞。火をつけるのに使う。

ウリル茶　ウリルは樹木の一種。昔から実や葉、枝を乾燥させたりしてお茶として

　　　　　使う。沸かしてミルクを入れ、ミルクティにして飲む。

オドガン　女シャーマニスト。作品中では医学の知識を持ち、占い、まじないなどが

　　　　　でき、助産婦としても活躍している女性を指す。

ガルダ　　伝説の鳥フェニックス。

帰還

一 宮 晴 美
By　Harumi　Ichimiya

　「もう無理よ、持ちこたえられないわ！　千晶、ウィルスの鎮静化は諦めて、そこから出て！　早くこっちへ！　セキュリティーエリアに来るのよ！」
　セキュリティーエリアのモニターに映し出される実験室の現状に、いつもは楽観的な高津田真琴が叫んだ。
　危険性の高い細菌やウィルスなどの微生物、病原体を取り扱う実験室、バイオセーフティーレベル 通称ＢＳＬ４の中では未知なるウィルスが、実験対象生物を入れておく箱型の檻の内部、金属物質の表面に付着した微生物を媒介に細胞分裂を繰り返し、この僅かな時間の間に驚異的な進化を推し進めていた。
　「微生物から両生類、寄生した宿主を殺しながら、こいつら学習しているんだ」セキュリティーエリアのモニターに映る実験室の惨状に

思わず研究員の一人が呟く。実験対象生物を入れておく檻の中にはどす黒く変色し、血と未知のウィルスとの忌わしい婚姻により産み落とされたヘドロ状の物質がべったりと粘り付いている。どの宿主も見るも無残な姿、晩餐と飽食、凄惨な宴の残骸と成り果てていた。
　ＢＳＬではムードメーカーでもある片岡千晶が、実験室に設置されたモニターを見上げる。
　「早く出て来て！　千晶早く！」セキュリティーエリアにいる面々が叫ぶ。実験室に設置されたモニターに研究員達の緊迫した表情、青ざめた顔が映し出される。
　認知症の研究のため、政府研究機関より持ち込まれたウィルスと、ＢＳＬで培養保持しているウィルスを混合したものを実験対象物に投与したのは１時間前、その後の経過をみるため千晶が実験室に入り、データをとっている間におぞましい変異がはじまったのだ。
　感染経路も感染の過程も何もわからない。
　わかっているのは、感染してから発症するまでの時間が尋常ではない早さであるということだけ……。
　セキュリティーエリアまでに防護扉は３カ所、エアゾールエリアへ辿り着く前に感染してしまう。第２の防護扉に行き着くことさえ不可能であることが、千晶にはわかっていた。脳裏に絶望の影が満ちてゆく……しかし同時に"このウィルスをここで食い止めなければ"という研究員としての矜持と信念が恐怖に呑まれてしまいそうな心を、辛うじて支えている。
　人類の未来にとって役立つ、この研究という仕事は自分にとって天

職だと思っている。結婚生活と仕事、どちらを選ぶかという岐路に立たされた時、迷うことなく仕事を選んだ。

　息子は自分の手で育てたかった。矛盾した話だが、息子とは離れたくなかった。息子は渡さないという夫との話し合いは平行線だったが、言葉少ない姑の「私なら、匠人が帰ってきた時に、お帰りって迎えてやることぐらいはできる」の呟きに、ある意味心が折れた。

　いろいろな思いをしながらも、研究員という仕事を選んだのだ。ここでウィルスを封じ込めなければ。

　そんな時、千晶の頭にふと別れた夫の言葉が甦る。まだ、二人の想いが通じ合っていた頃のことだ。

　"ウィルスは赤ん坊のようなものなんだ、丁度僕のようなもんだ。君が欲しいという欲求を抑える気もないし、どうせ抑えられない"

　千晶はふと笑い出しそうになった。こんな抜き差しならない状況下で、なぜ別れた夫の言葉を想い出すのか……。口許に笑みが零れそうになった瞬間、頭に閃きがよぎった。叩こうとするから反撃に出るのだ。消し去ろうとするから誇示し執着するのだ。破壊しようとするから破滅させられるのだ。融合、内胞……千晶の頭に勾玉の形をした胎児の映像がフラッシュした。この未知なるウィルスは確かに学んでいる、学習する過程で欲求を抑えられないから進行速度を加減できない、その結果寄生した宿主をドロドロにしてしまうのだ。ここまでは自力で進化を遂げてきたウィルスも更なる進化の前で手詰まりとなった。

　千晶は外部との連絡用マイクのスイッチをＯＮにした。

「ウィルスは進化し対応性を身に付けたいのよ。そして自分の在る

べき姿、存在すべき場所に還ろうとしているの」
　セキュリティーエリアの者達は千晶の言うことが理解できず不可解な表情を浮かべた。
「進化論を凄いスピードで実践しているのよ。近くにいた生物を使って……そう、同化して」
「……同化……」千晶の言葉を繰り返すように呟いた真琴の顔が、みるみる青ざめ弾かれたようにモニターを両手で掴んだ。
「千晶やめてっ！　やめてちょうだい！　千晶！」
　モニターの中の千晶はゆっくりと微笑んだ。
「真琴、サイエンスへの論文発表頼んだよ」
　真琴は、尚も追い縋るように話し続ける。
「千晶、匠人君……あなたには待ってる人がいるでしょ！」一瞬、千晶の瞳が揺れるが再び強い光が漲る。
「だから、ウィルスをここから出すわけにはいかないの。一体何に変異したのか、何になろうとしているのか、つきとめなくちゃ……私が最後の砦になるわ」
　滑らかな動作で注射針を注射器に装着し、シャーレからウィルスを吸い上げる。
「日本時間23時48分、実験対象片岡千晶。実験室ＢＳＬ４、両生類まで進化を遂げたと推定されるウィルス、レトロイコンゼロ１を体内接種します。私の予測ではレトロイコンゼロ１は人体のＤＮＡを司るミトコンドリアと結合、ある意味の受精をした卵は子宮に着床を試みると想定されます。着床後どのような変化を起こすのかはわかりま

せん。これまでの研究でこのウィルスが記憶し想起するための海馬にも作用することが解明されつつあることは、当初アルツハイマーの治療薬開発の可能性があったことでもご理解いただけると思います。私の体内でウィルスは生存と繁殖を賭け生殖することを試みるはずです。そして最大の試みは、私の脳細胞への侵入、私の記憶や知識との共生です。ウィルスは自分の生存する場所を求め還るべき場所を探していると私は理解したのです」

　冷静だった千晶の顔が歪み、長い沈黙が続く。気持ちを落ち着かせるように大きく深呼吸をした千晶が、ほんの少し震えた声で話しはじめる。

「……怖い……叫び出してしまいそうなくらい怖い……。本当は、ここから走り出して、逃げ出してしまいたい……」

　自分で自分の両肩を抱き、小刻みに震える身体を抑え込もうとするが震えは治まらない。

「でも、研究員としてなら、対峙できる。絶対に、ここでウィルスを堰き止める。匠人……いえ、人類に指一本触れさせはしない……」

　左腕の袖を捲りあげ白い腕を出す。青く浮かぶ血管に針が沈む。

「匠人、今夜逢う約束の日だったよね。また約束破っちゃったね……ごめんね。これが終わったらママ逢いに行くからね……」

　千晶はそっと呟くと、静かに目を閉じ、昼間の匠人の電話の声を思い返す。

「……うん、わかった。……ねぇ、ママ、今度の日曜日の運動会は来てくれる？」

可哀相なくらい、物分かりのいい子にしてしまった。
　１ヶ月に２回、匠人が泊まりにくる。匠人が５歳の春に離婚してから５年。この１ヶ月に２回の約束は千晶のキャリアが積み上げられる度に、果たされることが難しくなっていた。
　目を閉じ、深く呼吸する千晶の身体の中、無垢で凶暴なウィルスは赤血球の中に侵入し白血球の表面に付着し千晶の全身を巡ってゆく。突如襲ってきた全身の激しい痛みに躯体をくの字に折った。血管が膨れ上がり心臓の鼓動はそのまま破裂するのではないかと思うほど早い。下腹部の内側に焼き鏝を押し付けられるような想像を絶する痛み。千晶は朦朧となる意識の中で、息子の名を呼び続けた。
「匠人、匠人……匠人……」
　セキュリティーエリアのモニターに映る、もがき白眼を剥く千晶の姿は正視に堪えず、皆目を背ける。ただ一人真琴が画面を凝視していた。
「接種より２分経過、感染者意識混濁」
　頬を伝う涙もそのままに、真琴は記録し続ける。実験室の床に転がる千晶は、浅い呼吸を繰り返す。
「た……たく……と……」
　千晶は失いつつある意識の中、深い深い穴に堕ちてゆく。時間を漂っているような浮遊感、痛みに代わり不思議な心地よさに包まれる。生命体追跡型カメラが作動し、焦点を失い横たわる千晶の顔を画面に映し出す。
　深い意識の底から子宮の中の胎児のように回転し明るい光の方へと

昇ってゆく。ＤＮＡの美しい螺旋そのラインには脳の記録と心の記憶が規則正しく配列され刻み込まれている。
　今、その螺旋が解かれてゆく……。
「匠人っ！」
　焦点を失っていた千晶の瞳が虹彩を開く瞬間、身体は眩い光を放射し内側から崩れ出す。
　無数の微粒子となった千晶の肉体は螺旋形状を描きつつ大気中を漂いはじめる。原子レベルまで小さくなった粒のひとつひとつが発光し汚染された実験室を光で満たし拡散して、消えた。
「千晶っ！」
　真琴がモニターにしがみついて泣き叫ぶ。実験室の汚染濃度は正常値であるレベルゼロに戻っていた。
　千晶は無数の微粒子となった。
　壁面をガラスを人知れず通り抜けていく。

　美しく輝く微粒子の群集が夜空に浮かぶ。まるで意志があるように、南西の方角へゆっくりと進んでいた。時折螺旋の形状を描くその動きは、まるで記憶を巡りながら自分の還る場所を目指しているようにも見える。
　南麻布ルークハイライズマンション最上階、吉澤匠人が静かな寝息をたて眠っている。その頬には涙の跡がある。
　今日は母親と逢えるはずの日だった。
"急な仕事が入ったの、ごめんね匠人……"

千晶からの電話。もう慣れっこなはずなのに、やはり夜になると悲しみが込み上げてくる。母に逢えなかった日、匠人は布団を頭まで被り声を殺して泣く。
　"男は泣いちゃいけない。たとえ泣いても人前で泣くもんじゃない"父親の口癖だ。
　口を真一文字に結び声を殺して泣く……。そうしているうちに、いつの間にか眠ってしまうのだ。
　マンション上空を漂っていた光の微粒子群は、少しづつ散りながら下降してゆく……。
　匠人の元へ降りてゆく……。ランドセルに、散らばった玩具に、サッカーボールに、吸い寄せられるように触れて……消えてゆく。
　ひと粒、より一層輝く粒子が匠人の瞼に触れ、柔らかな頬に残る涙の跡をなぞるように滑る。その口許に、ほんの少しだけ留まり、あかりが灯るようにふわりと煌めき、消えた。
「ママ……お帰りなさい……」
　匠人が温かな寝息の合間、甘える声で呟いた。

森の陽射し

夏川夏奈
By Nana Natsukawa

　何度も見る夢がある。新緑の森の中に光が降り注いでいる。その光の先には木製の机があった。そして机の上には、スイスチャードを使ったカラフルないろどりの手毬寿司、アボカドとトマトのサラダなど緑の中に盛り付けられた緑の食材がとても美味しそうな料理である。思わず近づこうとしたとき、目が覚めた。
　デザイナー永野麻希は30歳を超え、会社の男性陣は若い女の子にばかり近づくし、部長から振られる仕事は明らかに、男性陣に期待のかかった大口企画が振りわけられていた。麻希に話しかけてくるのは、引退間近のおじさまたちばかり。かといって仕事は仕事。やらない訳にはいかない。だから最近不満がたまってきていた。友人の愛梨は、その美貌と明るさをもって多くの仕事を手に入れるやり手モデル派遣会社マネージャー。麻希の憧れであり、同じように立ち振る舞いたい

とも思うが根っからの籠り症で外に飲みに行くのも億劫だし、上司にとりいるだけの愛嬌もない。

　同僚の男性陣は後輩の男性社員やアルバイトの女性たちを誘い、楽しくやっている。ときには上司とキャバクラにも行き、楽しみの共有をして、仕事を得ているようだ。自分にデザインの実力がないと言ってしまえばそれまでだが、なぜか世の中は結局のところ、うまく世を渡っている人に良い仕事は回って評価が上がっているにすぎないと感じていた。

　麻希の長年の彼氏は代理店の営業マン。上司とのお酒の付き合いで忙しいといってなかなか会えていない。最近は、既読スルーなどは普通で連絡してくる回数は少なくなってきていた。「仕事は夜に動くのさ」と豪語している男である、麻希のことは忘れている可能性もある。「このまま別れるつもりなのかな」と思わず声に出しながら、ベッドサイドの灯りを消した。

　麻希の上司木戸は、麻希の同僚の宮本を呼び仕事を頼んだ。調子良さそうに宮本は「昨日話していたあれですね」とスキップするかのような軽やかな足取りで木戸部長の席に向かい、得意げな顔でデスクのパソコンを覗き込んでいた。昨日夜、会社から宮本と木戸部長が出ていくのを見かけた麻希は、夜の飲み会で仕事が決まったんだなと悟った。この夏の大型イベントのデザイン企画は、麻希もやりたいと思っていた大口の案件だ。決まったのなら仕方がない。麻希はパソコンに目を移した。そのとき、ちょっと寝癖が残っている一人の男性がデザインルームに入ってきた。五十を過ぎ、出世コースから離れた営業マ

ンの羽田である。いつもきまって麻希を指名して仕事を依頼してきていた。この日も木戸部長に「いつものように頼むよ！」と一言かけると、羽田は麻希のもとにやってきた。
「麻希ちゃん、この仕事お願いしたいんだけど」
　いまどき、麻希ちゃんって。羽田が持ってきた仕事は、同僚の宮本に振られた仕事に比べたら予算も小規模で、会社の評価にも繋がらない案件だった。言われた期日までの提出を約束すると、羽田は「麻希ちゃんの出来上がりいつも楽しみなんだよね〜。よろしく！」と背中に皺の入ったシャツを見せながら部屋を後にした。
　その日の帰り、木戸部長と同僚の宮本がスポンサーらしき人物たちと一緒に夜の街に出かける姿を見かけた。大口の仕事はまた彼のところにいくのだろう。男たちの夜が始まる現場に立ち会った気がし、寂しい気持ちになりながらも、麻希はスーパーで買い物をして家路に着いた。
　休日。麻希は山に散策に出かけることにした。新しい企画のリサーチといえば聞こえはいいが、いまだ消えない心のモヤモヤを解き放ちたいという思いもあった。
　このところ職場に通い続けるのは難しい精神状態だったので、新緑が美しい季節、散策すればきっと気が晴れるに違いないと思っていた。電車を乗り継いで辿り着いた駅には、同じように散策を目当てにやってきたカップルや年配夫婦、大きな一眼カメラを手にしたひとり女子の姿もあった。目の前に広がる小高い山々は緑も深く散策には絶好の日であった。終点駅で折り返して帰っていく電車の姿を見ながら、麻

希は散策路に向かって歩き始めた。

散策路を1時間も歩いた頃だろうか、緑やキラキラ光る川のせせらぎに見とれながら歩いていたら、すっかり他の人々は先を進んでいて、話し声も時々しか聞こえなくなっていた。少し休憩して家から持ってきたおにぎりでも食べようかと散策道からちょっと小道を入った麻希の前に、一つの机が目に飛び込んできた。料理はのっていなかったが、夢の中でよくみる緑の中の木製の机、まさにその景色だった。

一瞬驚き立ち止まった麻希だったが、ごくりと唾を呑み込むと、吸い寄せられるように静かに近づいていく。木に囲まれた少し平らな場所に、一個だけ置かれた机。シンプルながら惹きつけるだけの魅力ある机だった。思わず触ってみたい衝動にかられ、そっと手を伸ばしてみた。「つるっとしてる」声に出してしまう。緑の中で光を浴びているからか、ちょっと温かかった。

「すみません…机の写真を撮りたくて。少しだけこの場所を使っていいですか？」

森の中から細身の男性がカメラを持って近づいてきた。髪はぼさっとしているが、すっとした顔立ちの色白男子だ。

「あ、撮影のためにここに机が置いてあったのですね。触ってごめんなさい」

「謝らなくて大丈夫ですよ。勝手に公共の場に机を置いたのはこちらですから。家具お好きですか？　って見ず知らずの人に聞かれたくないですよね。失礼」

「いえいえ、私、永野麻希と申します。散策をしていて、この机が

見えたもので素敵だなって思って、ついつい近づいてきてしまって。私デザイナーの仕事をしていて、木に関するデザインを考えなければいけなくて。つい興味を持ってしまい…お邪魔してすみません」

　予想外のタイミングで、突然現れた男性に驚いたせいか、饒舌になり自己紹介までしてしまう始末。

「工房がすぐそこにありますから案内しますよ。撮影すぐ終わりますからちょっと待っていてください」

　彼はそう言うと、シャッターをパチャパチャ切り、撮影を始めた。時間にすると数分くらいだろうか。麻希は、目の前の机への感動よりも、先ほど猛烈に早口で話した内容が思い出せなくて、恥ずかしい気持ちばかりが心を制覇していた。このまま待っているより元の散策道に戻った方が穏やかな心を取り戻せるのではないか、とグルグルと思考を巡らせたが、体は動くことはなくその場に立っているのが精いっぱいだった。

「お待たせしました。では行きますか？」

　言われるままついて歩いていくと、木造２階建ての作業場が見えてきた。移動の間になんとか会話はでき、彼の名前は花見川祐といい、この森の中で家具職人をしているという。年の頃は二十代後半か。

「二階が展示室になっていて、いろんな家具があるので見ていてください。僕は撮影して家具の写真データを弟に送らなければならなくて。終わったら二階に向かいますので」

　弟は林業を学生に教えているそうだが、その学生たちがこの家具工房のホームページを作ってくれるというので、写真を撮影していたの

だという。

　麻希はひとり狭い階段を上って、二階の展示室に入っていった。すると、こじんまりとした部屋の中に、センスのいい木製の椅子、机、化粧台、スピーカーと多くの家具が並べてあった。麻希は驚いた。こんな山の中にこんな素敵な空間があったとは。時間を忘れて見入っていた。都会の家具やとはちがった温かみがある。優しさがある。会社のデスクで考えていても湧き上がってこない景色がそこにはあった。高ぶる感情を麻希は感じざるを得なかった。

「麻希さん、お待たせいたしました。気になる家具があればいろいろお話させていただきますよ」と花見川は写真データを送り終え、二階の展示室にやってきた。家具製作のこと、この工房設立までのいきさつを話してくれた。祐の兄が始めた家具工房であったが、1年前に病気で他界し、それまで職人一筋で過ごしてきた祐が工房を継ぐことになったのだそう。兄ほど経営能力のない祐は、工房の家具を宣伝するべく弟、そして弟が教える学生の手助けを得て、営業、宣伝活動を始めたという。

「僕が家具製作に専念できるようにと、経営部分はすべて兄がやってくれていたので、今は、悪戦苦闘です。いい家具さえ作っていれば自然とお客さんがついてくると思っていたのですが、そんなわけないって弟に怒られましてね」

　職人というわりには丁寧に案内してくれる人、という印象を受けた。

「こんなに案内していただいて私はとっても満足ですよ。他の人にも、素敵な案内人がいるから訪れてみて、とお知らせしたい気持ちで

いっぱいです」
「と、とんでもない。これが私の最大限の社交性ですよ。麻希さんがデザインをされているというから、無意識のうちに何か経営のための宣伝方法を教えてもらいたいという下心が働いたのかもしれません」と素敵な笑顔をみせてくれた。そして祐はタブレットを取り出して、おもむろにひとつの映像を再生し始めた。
「これ見てください。専門家からみてどう感じます？　兄がすごく気に入っている広告で。いつもこれを見て、うちの工房もこんな感じで宣伝できたらなって言っていたんですよ。私もこれを目標にと考えているんですよ」
　麻希は瞳孔がひらいたまま祐を見つめていた。そう、見せてくれた動画は、麻希が羽田から頼まれてつくった小さな小さな会社のオープン記念動画であった。羽田もつきあいで頼まれたもので、本当に申し訳ないと謝っていたもので、もう３年も前のもの。多くの映像が次々と作られ、日々進歩の時代。３年も前の映像を目標に掲げてくれている人がいると思うと、麻希は感動で涙が出てきた。
「あれ、ど、どうしました？　僕なにか悪いこと言いました？　すみません、もう一方的に話すのをやめます。これだから、ふだんから社交性のない人間ってだめなんですよね」
　必死に謝る祐に、麻希は感謝の気持ちしかなかった。
　休日を終え、再びコンクリートまみれの都会に戻ってきた麻希だったが、気持ちは大きく変わっていた。友人の愛梨とのランチを終えてデスクに戻ると、部長の木戸がガラス張りの部屋から麻希を呼んだ。

「永野、この前の仕事よかったな」
　羽田から依頼された小口の仕事のことだ。「田箔の社長があれを見て、あんな雰囲気の広告を作ってほしいから、担当したデザイナーを連れて来てくれと言われてな」
　田箔と言えば、確かこの前、同僚宮本と飲みに行っていた社長だ。大きなイベントがあるから広告案を募集していると会議で話していた。
「明日のスケジュールはあいているか？」「夜は先約があって…」と麻希が言うと、木戸は食い気味で言う。「夜じゃない。昼！　陽射しが燦々と降り注ぐ海の景色を見てほしいということだ。行けるか？」「は、はい」部長の打合せは夜しか行わないと思っていた麻希は、つい勘違いした自分の早合点が恥ずかしかった。
　広告のイメージを伝えたいと言っていた田箔の社長室からの眺めは最高だった。イメージも膨らんだ。昼に仕事の打合せをした麻希は、夜戦う同僚の宮本たちになんだか申し訳ない気にすらなった。
　いつものように麻希のもとに羽田がやってきた。
「麻希ちゃん、大口の仕事入ったんだって？　それじゃあ僕の仕事やってくれないよね〜。でもね、この仕事麻希ちゃんじゃないとなぁ。優しさが出ないんだよね。でーはー（派手）なのいらないからなぁ」
　いいおじさんが駄々をこねる仕草を見せて、グズグズ話している。麻希はビルのガラスに反射して黄金色に輝く夕日を眺めながら言った。
「羽田さん、これこの前の続編ですよね。ぜひやらせてください」
「麻希ちゃん、本当！　ありがとう！」
と、羽田はシワシワの顔で喜んで見せた。小口、大口、なんて関係な

い。求められることの貴重さを、あの祐との出会いで感じることができたのだ。新人の男性社員たちが遠巻きぎみに言ってきた。
「羽田さん、いつも麻希さんご指名ですね。俺にも仕事くださいよ」
「おまえらにはまだ信頼して頼めないよな〜。麻希ちゃんは期待以上のものを出してくるから楽しくてな〜。少しは麻希ちゃんの仕事を見てみろ」
「今から飲み会なんですよ〜。また今度」
「お前らも酒ばっか飲んでないで、少しはセンスを磨けっ」
「えー、そんなのすぐに磨かれるわけないし、無理っすよ〜。麻希さん、いいなぁ」
　麻希はすぐに祐の携帯に連絡を入れた。彼の最大限の社交性があることを信じて。
「あ、もしもし麻希さん、お久しぶりです。どうしました？」
「突然すみません。花見川さん、次の広告のアイディアをいただきたくて。明日工房に行ってもいいですか？」
「麻希さんのお願いなら喜んで。何時にいらしゃいますか？」
「朝8時には伺えると思います」
「ちょうどいい光が射す時間ですね。お待ちしています」
　夜の街に出ていく新人たちを横目に、麻希は早起きに備えて家路についた。

森の陽射し／夏川夏奈

出会いのコラージュ
――中止々呂美へ　水の時空――

星埜恵子
By　Keiko　Hoshino

時とともに、そして水とともに、万物は移ろう
(レオナルド・ダ・ヴィンチ)

　昨年は画狂人　北斎、一昨年はポーランドの鬼才タデウシュ・カントル因みのコラボ展の企画監修で、多くの出会いや再会があったが、いささか消化過剰気味でいまだ来場者名簿の整理が終わっていない、というか、中断したまま越年してしまった。
　これまでも仕事に夢中になった後は、必ず体調を崩してきた。三つ子の魂百まで。幼少時に罹った猩紅熱の菌が暴れるのだ。おかげで過労死は免れるが、いろいろ片付けられない、会いたい人にも会えない、そのまんま、いたずらに時を重ねてしまった。本年もしかり、梅は咲いてしまった。

2017年2月24日朝、私は一人、大阪の阪急池田駅のバスターミナルから、1時間に1本しかない「牧・希望が丘4丁目」行きのバス最後部に乗り込んだ。

　乗客は私を入れて6名。池田の旧市街を抜け、猪名川沿いに能勢街道を北上、箕面市の北端、北摂山系を山深く中止々呂美まで30分あまり。ここ10日、毎日のように往復したルートだ。

　右手に何度か散策した五月山公園の丘が見えるが、まだ花の季節には遠く人影はない。前方に大きな橋が見えてきた。左の車窓から見上げてみると、斜張橋の先端が切れて見えるので、まるで何本ものワイヤが天に伸びていくように感じる。橋の名は「絹延橋」。ならば、これは天から降りてきている。そして天にまします母を想う。と同時に幼い頃、母から何度も読み聞かされたお釈迦様とカンダタの話『蜘蛛の糸』を突然想い出す。そして、狩野芳崖の『悲母観音』も……。

　母は1本ではなく何本もの糸を3人の子どもたちに、そしてピアノやコーラスの教え子たちにも垂らした。なのに私達——弟と私は、醜い口争いをここ3日続けている。傍らにいながら兄は黙っている、気力が萎えているのだ。

　母は私にはアルトの声だったが、教え子たちや他人様には常にメゾソプラノで「鈴のようなお声」で「マリア様みたいな方」といわれたと、30年も前に私に嬉しそうに語った。その頃の私は、少しも母に似ていなかったし、母もそう思っていた。母から、最も幸せだったのは昭和初年の長崎、美しい母親と姉とともに海軍造機少将で当時、三菱造船の監督官をしていた父と暮らしていた頃だと聞かされていたが、

2月20日夕方、廊下で母の担当医の女医さんに呼び止められた。
「よく似ていらっしゃるからすぐわかったわ。お母様とはたくさんお話ししましたのよ。一番良かった場所はって尋ねたら、横浜。娘のところで朝、彼女の旦那様においしいほうじ茶を煎れていただき、うれしくて本当に幸せだった。もう一度行きたいわ」
と何度も聞かされたという。一瞬熱いものがこみ上げた。私は、もう20年以上毎日、夫のほうじ茶で起こされている……。その話が終わり、帰り仕度中に母の容態が急変し、その夜のうちに亡くなった。
　窓外の川の流れに目をやる。川幅が半分になった。支流の余野川に入ったのだろう。昨日の雪、一昨日の雪を忘れたかのように水かさは増していない。「伏尾―不死温泉」を通過する。さほど古くない看板に「不死王閣」とある。一度聞いたら忘れない名だが、母が入院してこのバスを利用するまで耳にしたこともなかった。
　川沿いの木々の間にコンクリート造りの温泉旅館が見える。週末は何組かの老若男女の宿泊客が昇降したが、今日はひっそりとしている。次の「久安寺」で1人の乗客が降りる。このお寺は父の車で2度ほど来たことがある。お正月と、花の美しい頃、五弁の白い夏椿——沙羅が庭一面に咲きこぼれていた。行基が開創したという古刹で、紫陽花に囲まれていた楼門は冬でも優雅で立派、その凛としたたたずまいはどことなく母体を想わせる。ここからは本格的な山道、左右の木々は広葉樹が減っていき民家は全くない。
　「発電所前」駅、誰も降りない。ダムは全く見えない。ゆっくりと蛇行しながらバスは進む。乗客がいつのまにか3人になっていた。私

以外は窓外の景色を見ていない。京都の大原や鞍馬への道、奥秩父の山道を想い出す──。

　京都には学生時代から観光や仕事で何十回も訪れているが、夫・恩地日出夫のお伴では１回きり。彼が企画・監督した映画『わらびのこう　蕨野行』(2003)のクランクイン前だったから20年近く前になる。準備に８年もかかった作品で、そのロケハン中に山形で出会った千歳建設会長で、古来から続く端山信仰や草木塔に造詣の深い千歳栄さんご夫妻と京都駅で合流した。千歳さんは数寄屋造りや寺社建築の権威でもあり人脈も豊富、製作支援者のネットワークづくりも兼ねての旅程は一切おまかせ。京都市内からタクシーで大原の里に向かう途中の山道で、右手の崖下に木々に隠れる様に集落が見えた。千歳さんが「ここが、八瀬ですよ」。恩地「あー、八瀬の童子、ここですか。ここから天皇の……」。私は大喪の礼の行列を思い浮かべ、代々人里離れた土地で生きてきた人々の、日々の営みを識るよすがを探そうとしたが、遠くて人影も見えず通過、帰途はすっかり忘れていたが、その後、時折、その集落のシチュエーションがフラッシュバックする。
　『わらびのこう　蕨野行』は、山形の山河を舞台に丸１年にわたる長期ロケを敢行、山里の四季の移ろいの中で、川を越え人里離れた原野・蕨野に生きるジジババたちの姿を通して人間の生と死、命の原風景を描いた作品である。
　「この世からあの世への道なき道のたどり方を私たちに教えてくれます」(谷川俊太郎)

ちなみに私は本作の製作母体＜日本の原風景を映像で考える会＞のメンバーで、主に広報や宣伝美術を担当。千歳さんには撮影中も上映後も現在に至るまで夫婦ともどもとことんお世話になっている。

　10年、いやもう20年経っただろうか。父や母から弟の様子を見てきてほしいと言われて鞍馬に行ったことがある。その頃、弟は広報担当だった京都のタクシー会社を辞め、独立して奈良や京都の旅の企画やムック本の編集などをしているとのことだったが、昔の同僚が営む貴船の料理旅館に泊まり込んで、箕面の自宅にはちっとも帰ってこないという。何を話したかは覚えていないが、川床料理をご馳走になり、その後、若女将宛に東京の老舗の和菓子を送った覚えがある。
　何日か前に弟にそれとなく聞いてみたら、どうも絶交しているらしい。友人が多い兄と違い、弟の交友関係は昔からわからない。
　奥秩父は、『チー公大作戦―メダカを救え！村長選挙』という劇映画のロケで、10数年前にひと夏を過ごした。衣装や美術助手は当時講師をしていた女子美術短期大学や日本デザイナー学院の卒業生でかため、美術チーフには子育てで休職していた撮影所育ちの美術助手で、現在はバリバリの美術監督となった竹内悦子に声をかけ、彼女の現場復帰第一作となった。
　スタジオセットはほとんどなかったものの、ロケ加工も多く、装飾小道具のつくり物は半端ではない数量。自宅には2か月余りほとんど帰れず、荒川の源流に近い民宿や旅館を美術や衣装のスタッフルーム兼製作場にして、毎日毎日撮影とその準備に追われつつ、学生やプロ

の応援で何とか最後まで協働してやり切った作品だったが、プロデューサーと監督の金銭トラブルから完成試写後お蔵入り。
　ある映画人曰く「ストーリーはハチャメチャだが、美術は全編手を抜いていない。B級映画としてはなかなかの傑作かも」なぞと。なのに、プロデューサーが自己破産という"手"を使い、美術人件費や衣装費、民宿代や著名な俳優のギャラまで支払わないまま雲隠れ。そしてなぜかお蔵に入っていたはずの映像原版が一部消失、監督の手によって不可思議なカットつなぎで仕上げられ、4年後の2005年に一般公開。くだんのプロデューサーは当然、映画業界から消えるかと思いきや、どっこい九州や関西で、劇映画の監督として今なお生き延びている。
　そんなでたらめでやくざな世界なのに、私は懲りない。今年も母が亡くなってまもなく中編映画『少年ムヒカ　道徳のものさし』（2017）の美術監督をしてしまったほど、映画づくりはやめられない私の活源でもある。もちろん、未払いの件は水に流しなぞしません──。

　バスは相変わらず蛇行していた。
　久安寺あたり以外は、常に左手を流れる余野川の幅は見る間に狭くなり、川音は聞こえないものの流れは速くなっている。右手の山側はどんどん道に迫って切り立ってくる。
　いつ頃植林されたのか、ほとんど同じ高さでまっすぐに伸びた常緑樹に、枯れ木が少しだけ混じる。鬱蒼とした中、窓に引っ付かないと川面が見えなくなっていく。時折見える川面が、メノウから神秘的なエメラルド色に変わる。ちょっと明るく開けたかと思うと、枯れすす

きの中に霊園の看板。そして薔薇色＝アマンドピンクの幟「新・樹木葬　奏かなで誕生」と、スカイブルーの幟「永代供養相談会開催中」がはためいているが、誰も降りない。

　そういえば映画『風の国』(1991)も、最後の美術経費の支払いが焦げ付いたままプロデューサーは消えた。製作者も監督も、そして何人かの俳優もこの世にはいないが、その後ブレイクした俳優もいる。あの映画も大変だった……。

　日航機が墜落した御巣鷹山の隣の峰で、林道のどんづまりに土砂を運び、整地して木地師の一軒家と、畑、丸木の櫓と小屋を建てた。一番近い民家まで1時間はかかり、その途中は毎日のようにひと抱えもあるような落石がごろごろ、それを取り除きながら現地に入り、帰りにはまた新たな落石が……。もちろん奥秩父と同様、PHSもハンドトーキーもつながらない。空気も薄い。畑にナスを植えてもすぐに萎びるので、撮影のたびに何時間もかけて山を下り、丈夫そうな苗木を調達。夜中にクマかイノシシか、半端でない大きさの獣が畑や小屋内まで荒らすので、猟銃を持った製作者や大道具さんが泊まり込んだ。あの時のタフな大道具、磯見俊裕は、いまや名だたる監督の美術監督でプロデューサー、東京藝術大学大学院教授である。たぶん彼と彼の手下なしには、私は美術監督が務まらなかっただろう。最近は会うことも稀になったが、弟分としてはピカイチである。

　バス停は「水源地」を通過、道幅が多少広くなったところが「とどろみグラウンド」。大阪大学のサッカー練習所である。数日前、十数名のイキのいい若者たちが、大学からのバスに乗り込むところを見た。

1950年代初め、阪大に父の弟が通っていた頃、両親と兄と私は大阪に住んでいた。私は幼すぎて記憶はないが、六甲のふもと、雲雀丘花屋敷に住んでいた母の従姉妹と叔父が出会った。その後二人はフルブライトでアメリカに留学、1960年10月、氷川丸の最後の航海で帰国したとき、横浜の波止場に行った。今、桜木町から赤レンガ方面への遊歩道・汽車道に残る線路だろうか、旅客列車で雑草が生い茂る中、大さん橋まで迎えに行ったと思う。そして片言の英語を話す従兄弟に驚いた。カトリックの幼稚園で英会話を習い、小学校では得意になっていた私との差は歴然としていた。

　中学や高校でも帰国子女に圧倒された私は、ますます英語嫌いになり、大学で第一外国語にフランス語を選んだ。中高で未履修な言語を第一外国語に選んだ、大学史上初の学生となった私は、個人教授につくなど相当な努力を課せられたが、70年安保の騒然とした時代でもあり、何とか押し出されるように卒業できた。

　そして「フランス語が第一外国語」というレッテルが独り歩き、ジャン＝ルイ・バローの劇団の日本公演、その強い縁で2年後には文化庁の芸術家在外研修で渡仏、劇団本拠地パリで2年間の研修ができた。その後も、ポーランドの前衛芸術家カントルやベルギーのヤン・ファーブル等の日本公演スタッフとなり、歌舞伎や舞踏の欧米公演などにもスタッフ参加、人脈や地平が広がっていった。

　世の中は捨てたものじゃない！と思い直し、25歳や30歳で死ぬという夭折願望も捨てた。今は生きているうちが花、死んだらおしまいと本気で思っているし、死ぬまで何かしらの現役でいたい。

「新名所　高速道路を作っています」「箕面インターチェンジ　有料道路」の大きな看板が見えてきた。道幅が格段と広くなり、人工的なブルーのネットやブルーシート、黄色のコンパネ(型枠用合板)、金属パイプが、巨大なコンクリートのうねった構造のあちこちに規則正しく積まれている。もうじき完成という段階にみえる。

「止々呂美ふるさと自然館前」のバス停を過ぎると視界が開け、畑や学校、商店も見えてきた。次が目的地「中止々呂美」だ。全員、といっても2人だが、バスを降りる。途端、粉雪が舞った。3日前のお通夜の朝と同じだ。足早に、4日前の夜中まで母が居た照葉の里　箕面病院に隣接した老人施設のやけに重いガラス扉を開けて入る。

いつもはTVの右前に座っている父の姿がない。2階の4人部屋窓際のベッドに横たわっていた父は私の顔を見るなり「今日はどこ寄ってきた」と聞く。そう、いつも私は実家に今日は京都で撮影とか神戸で展示会、大阪で講演会、そのついでに立ち寄ったと半分は本当、ここ数年はそんな風に言って父や母の様子を見に行っていた。

「今日は桜ケ丘のパパとママの家から直接来たのよ」と言うと「そうか」と一言、起き上がってベッド脇の車椅子に腰掛ける。バッグから母の遺影に使った写真を見せ「きれいでしょ」と次々にお棺に納めた父と母のツーショットや家族写真、家の枝垂れ桜や水仙などの花々、伯母や、母のお仲間たちとの写真、最後に棺と葬儀、自宅に急ごしらえした祭壇の写真をベッドの上に並べたが、反応がない。

お掃除の方が父に「どなたがいらしたの」と尋ねると、「弟、阪大の」と言う。「私、女よ。パパのたった一人の娘よ」と、一昨年の92歳の

誕生日に私の手料理とともに微笑んでいる父の写真と、叔父や従兄弟たちも写っている半世紀も前のお正月写真や、私が結婚して夫とともに訪れた時の家族写真を、もう一度並べ替えて見せる。そして、母が10年近く前にしたためた父宛ての遺言を、ゆっくりと読み上げる。
「…私の灰をあちこちにそっと撒いて下さい。山にも、そして海にも」
ぼやっとしていた父の顔が幾分しっかりしてきた。
　写真から目をそらし、窓外を見て「ぜいたくだ」と言う。えっ、何がと思ったが「そう本当ね、窓際で景色もいいし幸せね」。父「うん、そうだ。贅沢だ」と繰り返し、ここはどこだと聞く。父がここに入所してまだ10日しか経っていない。その手続きはすべて弟がしたので父がどこまで承知しているか私にはわからない。
「ほら昔、ママや私を車で連れてってくれた久安寺の奥、箕面の滝の裏になるのかな。中止々呂美っていうの、とどろってとどろき。世田谷の等々力渓谷と同じ。近くにとても美しいせせらぎが流れていてね。ママの部屋からは覗けたけれど、小さい滝もあるのよ。だから止々呂美。今、紅梅が見ごろ。桜はまだだけど、夜には星が瞬き…本当にいいところ、ぜいたくね」
「ぜいたくだ」
「もうじきお昼でしょ、私もお腹すいたから帰る。では又ね。握手」

　外の雪は消えていた。バス停に向かう橋の欄干から身を乗り出してみた。微かに下の方からとどろきが聞こえた。見上げると雲間から幾筋もの光が差していた。

日本映画感傷往来

閉塞感を吹き飛ばした「釣りバカ日誌」映画の再興は人づくりから

吉 村 久 夫
By　Hisao　Yoshimura

1. 閉塞感を吹き飛ばした「釣りバカ日誌」

　「クール・ジャパン」といわれる。日本のコミック、アニメの国際的評価が高い。今や強力な「親善大使」といわれている。中国や韓国も負けてはならじと、国を挙げてアニメ産業の興隆に力を入れ始めた。
　日本の映画の興業収入ランキングを見ると、上位を占めているのは、スタジオ・ジブリが公開するアニメである。一般の劇映画が三、四十億円程度の収入なのに、アニメは二、三百億円稼ぐ。「千と千尋の神隠し」は三百億円を超えたと聞いた。
　数年前、家で孫と一緒に評判のアニメを観ていたら、突然、強烈な偏頭痛がして、病院に駆け込むことになった。なぜだかわからないから、作品名はいわない。しかし以来、アニメは敬遠している。新作は

観たことがない。

 だから、私はアニメを語る資格はない。しかし、アニメ産業のことは少し勉強した。アニメの人材育成の学校にも取材に行った。中国の大学で「日本のメディアの現状と課題」を講義するのに必要だったからである。

 アニメ映画の威力もさることながら、コミック、つまりはマンガの威力も大したものである。マンガの原作が劇映画やTV番組になって視聴者を喜ばせている。例えば「サザエさん」である。何回も映画になったし、テレビ番組としても最長不倒記録を誇っている。

 そこで近年の好例として、ここでは「釣りバカ日誌」を取り上げたい。なぜなら、私自身が映画「釣りバカ日誌」の全作を観て、大いに楽しんだからである。主役の「ハマちゃん」を演じた西田敏行の天衣無縫の「怪優」ぶりにも参った。

 「釣りバカ日誌」は1979年から小学館の「ビッグコミック・オリジナル」に長期連載されたマンガである。作やまさき十三、画北見けんいちのコンビで好評を博した。そこで1988年、松竹から映画化された。脚本は山田洋次、監督は栗山富夫だった。

 映画「釣りバカ日誌」も大当たりを取った。以来、国民的映画シリーズの「男はつらいよ」と併走して、ほぼ年に1回、ときには年2回製作された。以来2009年12月まで、合計22作公開された。これまた国民的映画シリーズとなったのである。

 「釣りバカ日誌」の連続ヒットの理由は、第一に主役の浜崎伝助こ

と「ハマちゃん」の豪快な釣りバカ人生である。人生最大の目的は釣りである。仕事は二の次、三の次。それでいて人に愛され、それが縁で仕事でも成果を上げる。

次に、もう一人の主役である鈴木一之助こと「スーさん」の人間的魅力である。中堅ゼネコンの鈴木建設を一代で築き上げた男だが、平社員の「ハマちゃん」と愛称で呼び合う粋なおじさんでもある。仕事人間でもあると同時に釣りバカでもあるのが面白い。

第三には、脇役の役柄の面白さである。「ハマちゃん」の直属の上司の課長は融通の利かない堅物である。「スーさん」に仕える重役や秘書も仕事第一人間で融通が利かない。普通の会社によくあるタイプである。彼らが釣りバカの二人に振り回されるのがおかしい。

原作のコミックでは、浜崎伝助は元来真面目で仕事一筋人間だった。それが釣りの手ほどきを受けてからというもの、たちまちはまってしまい釣りバカになる。この「ハマちゃん」を山田洋次が脚本で、最初から釣りバカのハチャメチャ社員に変えたのだという。

「ハマちゃん」役が西田敏行。「スーさん」役が三國連太郎。この二人の芸達者が息の合ったコンビを組む。社長と平社員のそんな関係を知らない重役や社員たちは戸惑い、振り回される。それが笑いを呼ぶ。観客は現実の会社を忘れて痛快がる。

釣り場は全国にある。「ハマちゃん」と「スーさん」は事あるごとに示し合わせて全国の釣り場へ出張する。「男はつらいよ」の寅さんと同じで、全国の人々が「釣りバカ日誌」のロケ場になることを願った。こうしてファンは全国に広がった。

映画は本来、エンタテインメントである。観客は勉強しようと思っているわけではない。もちろん、結果として勉強になることも少なくない。だが、本来は楽しみたいのであり、心を癒したいのである。そのための舞台と役者が時代と共に変化する。うまく時代に適合した映画がヒット作になる。

　森繁の「社長シリーズ」の時代は、経済の民主化が叫ばれ、二等重役が突然、社長になってまごつくという時代だった。まごつきながらも、ビジネスマンたちは明るく楽天的に振舞った。どん底を経験して、明日は良くなるほかないと信じていたからである。

　西田、三國の「釣りバカ日誌」の時代は、オイル・ショックを経て、経済の先行きに陰が射し始めた時だった。やがてバブルが崩壊し、社内の締め付けがきつくなり、月給も足踏みする閉塞の時代が訪れた。ビジネスマンは仕事以外に生き甲斐を見つけたくなった。

　観客、特にビジネスマンたちは「ハマちゃん」のような天衣無縫、豪快無比な会社生活をしたいと思ったことだろう。同時に「スーさん」のような人生の裏表を知り尽くした人情社長に仕えたいと思ったことだろう。

　一般のビジネスマンは「男はつらいよ」の寅さんのフーテンぶりは、願ってもついていけないものがある。しかし「釣りバカ日誌」の「ハマちゃん」の自由気ままな会社生活ぶりには、その一端でもわが身に付けられたらと思う。

　これが「釣りバカ日誌」が「男はつらいよ」と並行してヒットし続けた理由ではあるまいか。実際、日本企業は長い不況にあえいでいた。

なんとか突破口を見つけて、新しい成長の道を発見する必要があった。
　それには社内にもう一度、自由闊達な空気を呼び込む必要があった。締め付けはもう十分だった。人員整理も限界に来ていた。新技術、新製品を開発する豪快な「ハマちゃん」の出現が望まれた。社長も「ハマちゃん」を発掘する「スーさん」が必要だった。
　事実、日本の企業も社員も、なんとかして閉塞状態から脱出したいとあがいていた。「釣りバカ日誌」はその願いに応える明るい作品だった。自由のないところには創意工夫は生まれない。「ハマちゃん」は釣り中心だが、創意工夫の日常を送っていたといえる。

　閉塞状態にあるのは映画産業も同じである。日本の映画産業の黄金時代は1950年代だった。数々の名作が公開され、人々は映画館に詰め掛けた。映画館はどこも満員だった。入場者のピークは1958年の一億三千万人だった。
　1960年代の後半になると、映画産業は衰退し始めた。テレビが家庭に普及したのと、経済成長の結果、人々のレジャーが多様化したからである。映画館へ行かなくてもテレビでドラマが楽しめるようになった。旅行も気楽に楽しめるようになった。
　その後、商業施設の中に複数の映画館を併設した、いわゆるシネマコンプレックス、通称シネコンができて、一時的に勢いを盛り返したこともあった。しかし、小さな映画館の増設も2004年でピークを打った。シネコンも映画産業を再起させるには力不足だった。
　私は早起きのせいもあって、映画を観るときは朝の第1回目を狙っ

て出て行く。特に前評判の高い映画の場合には例外なくそうする。若い時の館内の混雑ぶりがまだ頭に残っているせいだ。しかし、前評判の高い映画でも館内はひっそりと静かなものである。

　館内の三分の一でも埋まっていればいい方である。その上、観客の大半は中高年である。時間帯のせいもあるが、若い人の姿は少ない。私の友人の映画好きは、映画は映画館で観るものだと主張して実行していたが、いまなおそうかどうか。

　こうした館内の実情を見ると、これでは映画産業も大変だと同情したくなる。入場者が少ないから、公開日数も短くなる。やっと時間ができて映画館へ駆けつけると、もう上映していないということが間々ある。これでは映画ファンを逃がしてしまう。

　もっとも、今は映画は映画館で観るものと決まっているわけではない。いろいろなチャンネルが用意されている。テレビもある。映画専門のCATVもある。DVDもある。インターネットもある。私自身、テレビやDVDを利用している。

　手元にある、いささか古いデータによると、2007年度のいわゆる映画ソフトの市場は七千億円、うち一次市場は二千億円で、五千億円はマルチユース市場である。マルチユース市場も6割の三千億円がレンタルビデオである。

　この数字は、映画はもはや映画館のものではなく、映画館の入場者だけでは、映画産業は論じられないということを物語っている。逆にいえば、映画そのものの需要は、映画館の数字で見るほど、衰退してはいないということになる。

私は映画の需要は依然、根強いものがあると思う。映画ソフト、映像ビジネスの市場は結構大きいのである。これからも、やり方一つで市場は拡大するだろう。輸出産業としても大いに期待できると思う。その証拠に、中国や韓国などが映像ビジネスに官民挙げて力こぶを入れつつある。

　映画市場は松竹、東宝、東映の三社による寡占体制でやってきたが、その弊害も出ている。自由競争が阻害されがちなのだ。そこで製作面では昨今、製作委員会方式が増えて、リスク分散を図っている。市場の改革はこれからが本番だろう。

　「釣りバカ日誌」を作った映画界は、自らの閉塞状態を打破すべきである。幸いなことに需要は現存している。要は知恵、つまりは人材である。有能な人材が出て、優れた作品を作れば、観客は喜んでついてくる。

　映画の流通チャネルは多様化し、拡大している。電車の車内を見渡すと、ほとんどの人はスマホの画面に見入っている。映画ソフトが質量ともに求められているのである。ともかく良い作品を作ってほしい。映画人間の私の切なる願いである。

2．映画の再興は人づくりから

　テレビは家庭内の映画館である。スマホは携帯可能な映画館である。映画は映画館で観るものと決めている人以外は、今や自由自在に映画館を選ぶことができる。
　その自由自在に選択できる映画館は映画館というよりも情報端末といったほうが正しい存在である。多機能であり、したがって映画以外に各種の情報ソフトにアクセスできる。
　ユビキタス時代とはよくいったものである。誰でも、何時でも、何処でも、情報の受発信ができる時代なのである。自分で映像ソフトを作り、世界に発信することもできるのである。
　しかし、だからといって、誰もが皆が観たいと思う映画やアニメを作れるわけではない。つまり情報のチャネルがたくさんできたといっても、肝心なのは売れるソフトなのである。
　今日ではテレビ会社が、既存の映画会社と業務提携したり、共同の子会社を作ったりして、おびただしい数の映像ソフトを作っている。視聴者の時間は限られている。したがって視聴者は選択に困っている。
　選択に困るのは、単に作品が多いからだけではない。製作する作品の数が多くなればなるほど、粗製乱造が始まる。有能な作家や監督は引っ張りだこになる。映像ソフトの質は低下する。
　テレビ番組には超長期に渡って放映されたお化け番組が少なくない。しかし、近年、姿を消すものが出てきた。例えば「水戸黄門」である。

「水戸黄門」は1969年に始まって2011年まで、42年間放映され、その平均視聴率は22％だった。驚くべき長寿、好評番組である。話は1,227回に及んだ。

　私もファンでその八割方は観た。しかし、だんだんマンネリになっていくのがわかった。昔の話の方が生きがよかった。シナリオが陳腐化したのである。

　「水戸黄門」は松下幸之助氏が「世のため人のためになる番組を提供せよ」といって始まった番組である。松下改めパナソニックの業績が悪化したことも一因だったろうが、ついにマンネリ化を打破することができなかった。残念である。

　好評長寿で、いわば国民的支持を得たテレビ番組は「水戸黄門」だけに留まらない。例えば「サザエさん」がある。1969年に始まって、いまなお放映されている。それでいて平均視聴率が20％前後だというから驚く。

　長寿マンガでは「ドラえもん」「それいけアンパンマン」「ちびまる子ちゃん」「クレヨンしんちゃん」などもある。いずれも放映20年を超えている。マンガ番組の初期にブームを起こした「鉄腕アトム」「巨人の星」「宇宙戦艦ヤマト」などが思い出される。

　テレビの長寿番組一般でいえば「のど自慢」もそうだろう。テーマは毎回変わるが「大河ドラマ」やいわゆる「朝ドラ」も長寿番組である。大相撲、高校野球、駅伝などスポーツ関係では長寿番組がひしめいている。

民放にも長寿番組はある。例えば「遠くへ行きたい」「新婚さんいらっしゃい」「徹子の部屋」「笑点」などである。終わったものでいえば「渡る世間は鬼ばかり」「寺内貫太郎一家」「三年B組金八先生」「北の国から」「大岡越前」「銭形平次」「鬼平犯科帳」「はぐれ刑事純情派」などもある。
　「東芝日曜劇場」「日曜洋画劇場」「午後のロードショウ」なども長寿番組である。長寿番組はまだある。枚挙にいとまないといっていい。長寿ではなくても、連続数回の放映というものまで数え上げれば、それこそ切りがない。
　ここで言いたいのは、テレビがいかに多くの番組を世に送り出してきたかである。映画会社の映画本数では太刀打ちできない。しかも、テレビの番組は映画、演劇、音楽に留まらない。ニュース、スポーツ、文化、学術、旅行、探検にまで及んでいる。
　映像ソフトの数と種類では文句なしにテレビ会社に軍配が上がる。それでは従来の映画会社はもはや不要の存在なのだろうか。日本映画だけでなく、ハリウッド映画も要らない時代が来たのだろうか。私の答えはノーである。
　ただし、それには条件がある。映画会社が観客を感動させる質の高い作品を世に送り続けることができるかどうかである。同時にそのための人材を育成し続けられるかどうかである。そしてこの二つの条件はテレビ会社の今後の存在の条件でもある。

　テレビは番組と同時に人を育てた。人は脚本家であり、俳優である。

ここで私は二人の人物を取り上げたい。一人は脚本家として、橋田寿賀子である。もう一人は俳優として、藤田まことである。

　橋田寿賀子はNHKの大河ドラマ「おしん」の作家である。周知の通り「おしん」は爆発的な人気を呼び、同時に国際的にも大きな拍手をもって迎えられた。国際親善にも大きく貢献したのである。

　橋田寿賀子はその後、今度は民放で「渡る世間は鬼ばかり」の長寿ドラマを書き上げた。放映は20年に及んだ。岡倉家の五人の娘の家庭を中心に日常の喜びと悲しみを丹念に描いたのである。

　私は永年の視聴者だった。途中、いささか話がもたついているという印象も持ったが、最後までマンネリに陥ってしまうことはなかった。惜しまれながら閉幕した。

　橋田寿賀子は1925年の生まれである。年齢からいっても、もうシナリオとはおさらばかと思った。が、彼女は再び「なんとかなるさ」のホームドラマを持って登場してきた。

　子育ての終わった熟年夫婦が、趣味で始めた仕事を通して、他所の子供たちの成長を助けるという楽しい話である。橋田寿賀子の再登場は嬉しいが、このことはシナリオ・ライターの不足を物語るものでもある。

　藤田まことは1960年代の初め「てなもんや三度笠」のあんかけの時次郎として、テレビ界にさっそうと登場してきた。「俺がこんなに強いのも、当たり前田のクラッカー」という台詞が爆発的な人気を呼んだ。スポンサーの前田製菓も大喜びだった。

　以来、藤田まことは「必殺仕置人」の中村主水として、19年間、

必殺シリーズの主役を務めた。続いて「はぐれ刑事純情派」「剣客商売」「仕掛人・藤枝梅安」と主役を演じて、視聴者に喜ばれた。テレビ時代が生んだ申し子的な俳優だったといっていいだろう。人気作家池波正太郎の作品がテレビ・ドラマ化されたのも幸いした。

　藤田まことは「てなもんや三度笠」の最終局面では、シナリオが陳腐化したのを見て、自ら番組を終わらせたいと申し出たという。ドラマには脚本が肝心であることを心得ていたのである。

　藤田まことは2010年、76歳で死去した。藤田まことはもはや再登場できない。テレビ界は第二、第三の藤田まことを育成しなければならなくなったのである。

　自動化された工場の製品でも欠陥品が出る。自動車のリコール騒ぎが、いい例である。ましてや、映画や演劇はいわば手作りといってもいい作品である。設計図通りに完成とはいかない。それに多作すれば当然、出来不出来が生じる。

　NHKの大河ドラマ、朝ドラもその例にもれない。出来不出来が多いと、ファンはそっぽを向く。事実関係や解釈が間違っていたら、全国の視聴者を惑わす。それどころかミスリードしてしまう。教育上ゆゆしい問題になる。

　私は思い余ってNHKへ苦情の電話をしたことがある。ある大河ドラマの歴史観が問題だと思ったからである。「彼らをこんなに英雄視して持ち上げたら、若い人たちの歴史観を歪めてしまうことになる。教育上良くない。NHKの責任は重いのだ」と。

製作者はなんとかして視聴率を上げたいと思う。その余り、史実を歪めたり誇張したりする。ましてや、スポンサーが口を挟んだら、その意向を迎えざるを得ない。その結果、意図に反する作品に目をつぶる。それは視聴者を愚弄する行為である。
　マスメディアは得てして読者や視聴者に迎合しがちである。その方が部数を増やし、視聴率を高めると思うからである。しかし、それは間違っている。読者や視聴者は賢い。迎合すれば反発する。不愉快になる。やがて離れていく。
　映画や番組を良くしたいと思うなら、しっかりした原作や脚本が必要だ。残念なことに司馬遼太郎も池波正太郎も藤沢周平ももういない。彼らに代わる書き手を育てなければならない。その気になって育てる努力をすれば、人材は出現するものである。
　俳優も同じことがいえる。三船敏郎も市川雷蔵も勝新太郎もいない。森繁久弥も渥美清も亡くなった。新劇出身の芸達者も少なくなった。彼らに代わる俳優を育てなければならない。仲代達矢が無名塾で人を育てていることがいま重要な意味を持つようになった。
　長谷川一夫も阪東妻三郎も薄っぺらな二枚目などではなかった。イケメンだというだけで主役が張れると思うのは大間違いである。大勢のタレントや俳優がバラエティ番組で大笑いしているようでは、観客が期待しているような大人の俳優は育たないだろう。
　作家と俳優と監督を育てなければならない。大人の鑑賞に耐える映画や番組を作るには、心を揺り動かす原作やシナリオ、見事な演技力を持つ魅力的な俳優、そして安易に妥協しない一徹な監督が必要であ

る。日本映画の再興にはこの三者が欠かせない。

　問題はつまるところ人なのである。先進国も新興国もいまや映像ソフトの開発者の育成に大童である。日本の映画界は人づくりから出直す必要がある。その気構えができれば、政府も黙ってはいられないはずだ。映像ビジネスの重要性に着目するだろう。

　日本映画はまだ出直せる。映画は映像ビジネスの主役である。映画は再興されなければならない。なによりも私は、次の『七人の侍』『東京物語』「男はつらいよ」を観たい。映画は今後もエンタテインメントの王様であってほしいのである。

飲んで歌って踊ろう、キューバ！

志治美世子
By Miyoko Shiji

　耳で聞く音が、口から出てこない！
「違うね！　それじゃポルトガル語でしょう！」
「それはフランス語ね！」
　言われた通りに、読んだ通りに発音しようとしているのに、上手くいかない。
「それはチーノ(中国人)のスペイン語みたいだよ」
　自分がそんなにあれもこれもしゃべれるなんてとんと知らなかったぞ！と心の中で突っ込みを入れながら、なんとかアレクシスについて発音しようと必死で口を開き声を出す。目の前のキューバ人アレクシスは笑い転げている。キューバへの出発は目の前に迫っていた。
　けれども耳で聞いた音が私の発声器官を通って口から出ると、まるで違う音になってしまう。耳で聞いた通りの音を出しているつもりな

のだが、そうはならない。とくに問題はeやiの音だ。そもそも日本語で認識している音が、キューバ・テイストのスペイン語とはまったく違っていて、アレクシスの発音に近づけようとすると、苦肉の作として思いっきり顔の筋肉を使うしかない。顔が筋肉痛で引きつりそうだった。

　致命的だったのが、巻き舌ができないこと。練習してもできない。
「キューバ人だって舌が短くて巻き舌できないひと、いるでしょう？」
「いや、いない。誰でもできる。できなくてもできるようになる」
　と、アレクシスはきっぱり。ほとんどの単語がリエゾンして、ワンセンテンスひと呼吸、くらいの勢いで突っ走るので、とても口が回らない。考えてみれば日本語だってあいうえおが読めればすぐ日本語になる訳ではない。スペイン語がいくらローマ字読みだからといって、即スペイン語になるわけもない。語学学習していれば、絶対にボケないかも、と思う。耳と口の相関関係に依る新体験だ。
　ツーリスト・カードの申請のために行ったキューバ大使館で見つけたのが、アレクシスのスペイン語教室のチラシだった。
　やった！　キューバ人のスペイン語が習える！
　直前の付け焼刃、個人レッスンをお願いするために電話をかけた。とりあえず提示されたレッスン料は破格の安さだった。が、しかしなぜか相手の歯切れは悪い。
「キューバ行きまでに時間がない！」
「挨拶と数字だけでもいい！」

粘る私に、
「言葉できなくても大丈夫！」
「発音習っても、しゃべれるようにはならないね」
「スペイン語よりもサルサ習った方がいい」
　とアレクシスは何とか楽天主義を私に吹き込もうとする。が、私は、
「あなたはスペイン語できなくても困らない。でも私は困るんです！」
　とラテン系楽天主義を押し切った。会話ハンドブックのカタカナ・スパニッシュをなんとか機能させないと、ハバナで路頭に迷う羽目になるのだから、必死だった。
　プライベート・レッスンのアポイントを取り付けたあとでわかったのだが、スペイン語教室のチラシはかなり以前のもので、そのときアレクシスはすでにキューバ・カフェの店長さんだった。したがってレッスンはランチタイムあとの、アレクシスの休憩時間しかない。それでも彼はこの出来の悪い、冗談みたいに突撃で飛び込んできた生徒相手に、限られた短時間、熱心に教えてくれた。
「楽しむためには何かをがまんしなくちゃならない。キューバではみんな夜の11時くらいから楽しみだすんだよ。音楽でもダンスでも」
「夜の11時から遊び始めて、いったいキューバ人は何時に寝て、朝は何時から仕事するの？」
「そうね、だいたい2時か3時くらいかな。だから毎日遊ぶ訳じゃない。でも楽しむためには眠くてもがまんするしかないね」
　そして言った。

「キューバは簡単に連絡の取れるところじゃない。困ったときに頼れる友人を紹介したいけれど、今のキューバがどうなっているのかは僕にもわからない」

またたく間に出発の日はやってきた。

ここでいきなりのトラブルが発覚。スマホのWi-Fiが使えないことがチェックイン後の成田空港で判明したのだ。携帯会社のカウンターで確認するも、どうやら購入時から壊れていたらしい。スマホはただのカメラと化す。とはいえ、もうどうにもならない。レンタルできる機種もない。ネット環境のないキューバで、日々の連絡はホテルのロビーからメールする、という安全確認手段が完全に断たれてしまったのだ。たとえ熱中症で倒れようが、ひったくりにぶっ飛ばされようが、下手をすれば行き倒れてそれっきり、ということにもなりかねない。そして飛行機は飛び立ったのである。

往復のチケットと、到着直後、出発直前のホテルだけを、キューバのプロダンサーによる２時間のサルサ・レッスンも含めて予約して、残りの７日間ほどはCASA、要するにキューバの民宿、一般家庭に現地飛び込みで泊まるつもりだった。どうにかなるか？　ならなかったらどうする？　そのときに考えればいい、考えるしかない！

トランジットでの注意事項として、旅行会社の担当者からは、

「とにかくハバナ行きの搭乗口だけを追いかけて、メキシコ・シティで絶対に出国だけはしないように。出国してしまうと、かなりやっかいなことになります」

と注意されていたのだが、結果としてこのアドバイスは間違ってい

て、空港内で一度出国して、再度キューバ側に入国しなければならないことがわかった。

メキシコ・シティは巨大な空港で、ここは南米大陸すべての国々の玄関口なのだ。

大丈夫、何があっても。この人たち（空港職員たち）は、旅行者を通すのが仕事。旅行者である私は通してもらうのが目的。だから私たちの利害は一致している！

瞬時に腹をくくったこの決心が、その後の私を何度も救ってくれることになるとは、この時はまだ知る由もなかった。しかし相手は名だたる社会主義国である。何があるか、何を基準にしているのか、その価値観に見当がつかない。

ともあれ空港である。前に進まなければ。わからなければわかるまで粘るしかない。曖昧に「si、イエス」と言ってはならない。いくつものツアーガイド付きのグループが、いとも軽やかに通り過ぎていくのを横目で見ながら、

「〇●×△■？」

次々に繰り出される質問に、背中に冷や汗を滴らせながら私は必死でアタマを巡らせる。

「△□▼アフリカ？」

アフリカ？　アフリカが何だって言うのだろう？

「☆●△□ファミリア？」

そうか、家族がアフリカにいるかって聞いているんだ。伝染病の問題なのか。ここで私は初めて、

「no！」
と答える。
「□●△☆？」
さっぱりわからない。と、相手が指鉄砲を作って、
「ガン？」
「no！」
答えてほっと胸をなで下ろす。やっとのことで乗り込んだ飛行機内で出された入国カードにも手こずるが、隣のシートのキューバ人女性に助けられてこれもなんとかクリア。

そして到着したハバナ空港で、トランクの出てくるのを待つ。

が、私の荷物は出てこない。どんなに待っても出てこない。2つあるうちのもう一方のコンベアに行ってみるが、やはりない。ないものはない。待っても出てこない。

「マイバゲージ、ミッシング！」

何度も繰り返し口にしながら、うろうろとなす術もなく到着ロビーを行きつ戻りつする私。でも誰も気にかけてなどくれない。と、見れば1人の若者が、やはり途方にくれた顔でいるではないか！

「どうしたんですか？」「荷物が出てこないんです」「私もなんです。それでどうするんですか？」「もう少し待ってみて、それでも出てこなかったらとりあえず街に出て、明日また空港に来てみようと思っています」そうか、そうすればいいんだ！　明日また来よう。

「thank you！」

別れてから、はたと気がつく。今の会話はやけにスムースに私の頭

の中を流れていたが、私の英語力をはるかに超えていたはずだった。私はいったい何語でしゃべっていたのか？　とりあえず次にすべきことが見えて、ややパニックが収まりかけたとき、ふと向こうを見ると私のトランクをガラガラと引きずり歩いている、空港のオジさんがいるではないか！
　「イッツ　マイン！」
　叫んで駆け寄ると、オジさんはさしたる確認もせずに荷物を引き渡してくれた。私は泣きそうだった。キューバに着いた瞬間にトランクを紛失する、などという最悪にマヌケな事態から脱出できたのだ。しかし感動に浸っている暇はなかった。ここから税関を通り抜けなければならない。すでに枯渇して底まで干上がりそうな気力を振り絞り、私は税関に並んだ。前にはほんの数人しかいなかったが、それぞれがとんでもない大荷物を持っていた。列の最終は私。並ぶしかない。待つしかない。
　ハバナ空港は女性職員の多さが目につく。税関も女性だった。メキシコ・シティでもそうだったな、などとぼんやり見ていると、税関の１人が私にしきりに目配せする。あっちから回っていけ！　と列の外側の通路を目線で教えてくれているのだ。私は後ろを振り返り、そこの女性職員さんにもそっと目で聞いた。あっちに行けばいいの？　彼女はうなずく。
　私が税関をスルーで通り過ぎることは、どうやらその場の人たちのすべての合意となっていたようだ。あるいはトランクを求めて走り回っていたところから、見られていたのかもしれない。「このオバさ

ん、さして悪いものでもなさそうだから通してあげよう」。無表情のような彼女たちの、その無言の好意がはらわたまで浸み渡る。

トランクが紛失した事情を後から考えてみるに、飛行機から荷物を運んでくるトラックが１台しかないがために、ピストン輸送の途中でほい！とそこいらに置かれて取り残されてしまうらしい。しかしキューバはどん詰まりなので、紛失することはない。それで誰も気にかけてくれなかったのか！

示された通路を通り抜けると、一気に真夜中のハバナの喧噪に放出された。すでに到着便の最終のあとなのか、人であふれ返っていた。タクシーに乗ってホテルに向かうにしても、両替すらしていない。何人かに聞きながら空港の両替所を探していると、ハバナの旅行会社を通じて私を迎えに来てくれた女性と会うことができた。どうやらものすごく私を探してくれていたらしい。空港に問い合わせて到着しているのは確認したのに、待てど暮らせど出てこない。彼女もまた何故だ？　どうして出てこない？とあちこちとかけずり回っていたのだという。

以前にフィリピンの島に旅行したときに、飛行機が遅れてホテルの迎えが帰ってしまった、ということがあったので、海外での送迎にはあまり期待をしていなかった私だったが、社会主義国で旅行者の行方不明はまずかったのかもしれない。ともかく彼女が粘り強く待っていてくれたおかげで、私たちは無事に出会えたのである。

キューバに行こう、そう思い立った理由にさしたるものがあった訳ではない。ただ彼らの驚異的な身体能力が、過酷な奴隷制度を生き延

びたゆえのDNAによるものであること。過酷な生活を生き延びるためには、身体能力以外に歌うことと踊ることが同じように必要な能力だった、ということ。それがこの国への潜在的シンパシーとしてあったことは否めない。

　いってみればただぼんやりと、夕暮れ迫るこの国の街角でビールでも飲みながら、そこいらにいるおばさんやおっさんたちと歌ったり踊ったりしてみたい、と思っただけのことだった。そして60歳という歳の私が、ここで旅をしておかなければ後は衰退していくだけになる、という自分の老いに対する確認のようなもの。この旅が終ったとき、私は再び旅立ちたい、と思うのか。はたまた自分で主導権を握った旅を、もういい！と手放して終えるのか、だった。

　予約していたホテルプラザは、前もって検索してみるとさんざんな口コミだった。重厚で歴史的な建物だったが、設備もそれに相応しく古くて歴史的だった。が、考えてみればそんなことは当たり前で、歴史的建造物に最新設備が整っている日本の建物の方が異常なのである。カードキーはゆっくり通さないと即エラーになる。室内の貴重品入れも同じ。スペイン語ができない私は、つい素早くカードキーを通そうとしてしまいエラーになる。そのたびにえっちらおっちらとフロントまで降りていき、身振り手振りで伝えなければならない。が、フロントマンたちにはなぜ私がキーをエラーにさせてしまうのかが理解できない。使えるはずのカードキーが使えない客は、ただのバカ！である。その後も私は何度も同じことを繰り返して学習するのである。

　シャワーのお湯は出ない。石けんも泡立たない。タオルは固く使い

古されていた。でもそれらはすべてこのキューバという国を私に教えてくれていた。そうか、ものがないってこういうことなんだよな。小さな窓の外は真っ暗。気がついたら時差を合わせるのを忘れていて、現在時間がわからなくなっていた。なんとかなる。とにかく旅は無事？に始まったのだから。

　サルサのレッスンは、到着の翌日、昼前だった。深夜着だったために体力を心配して午後を希望したのだが、午後はお腹いっぱいで動けないから、という理由で午前になった。

　動けないほどお腹いっぱい？　キューバ人はそんなにお昼を食べるのか？

　レッスンは想像していたダンス・スタジオのようなフロア・スペースではなく、個人のアパートメントだった。さほど広くはない。ラジカセで音楽をかけ、50代くらいのプロ・ダンサーの女性がリードしてくれて、レッスンが始まった。息子や孫の写真が飾ってある。なんとなく具合が良くなくて、集中できない。しかも昼に近づくに従って、次々にチャイムが鳴って人がやってくる。どうやらその日は親戚や友人たちとの特別？ランチだったようで、気がついたら集まってきた人たちが皆面白そうにレッスンを眺めている。泣きたくなった。

　その日の夜には野外コンサートがあると教えられたのだが、残念ながら疲れきって出かけることができなかった。それでもホテルのテラスでは生バンドが演奏していて、ボーカルの男性が一人一人の客にどこからきたのか？と話しかける。南米のさまざまな国からの観光客たちが、音楽を楽しみ、踊っていた。ハポネーサ、と答えたのは私１人

だったが。私がVolareをリクエストすると、ほんの少しだけバンドがざわついて、すぐにバックのメンバーの１人が歌いだした。しまった！あれはイタリア語だったか！

　メインの目的の１つだったCASAの宿泊は自力で探すつもりだったが、旅行会社の女性の好意で押さえてもらうことができた。このあたりは実にヘタレな私である。

　CASAは若いご夫婦の経営で、ご主人のトニさんはハバナ大学で日本語を選考し、日本語弁論大会で優勝していた。そのご褒美で日本にも来たことがある。奥さんのハナさんもハバナ大学の学生で、私が宿泊する少し前に試験が終わったばかりだといっていた。試験はかなり難しいので、とても緊張するのだそうだ。

　そういえば夏休みに入ったはずなのに、制服姿の小学生らしい子どもたちの列を街で見かける。落第生だ。キューバでは教育費はすべて無料なのだが、小学校でも落第がある。とても理に敵っている、と私は思う。大学のハードルは高い。美術も音楽もバレエも同じで、教育は無料だ。だが能力がなければ先には進めない。

　CASAはハバナ大学からほど近く、私は散歩に出かけた。ちらほらと学生らしき姿が構内を行き来する。赤道直下の太陽を構内の緑が遮り、風が涼やかに吹き抜ける。なぜか猫があちこちに寝そべっている。かつてはカストロもこの大学の学生だった。白亜の美しい建物だ。やたらと笑顔で話しかけられさえしなければ、もっとゆっくり歩きたかったが、ちんぷんかんぷんのスペイン語にそうそうに逃亡せざるを得なかった。

途中に病院らしき建物もあったが、近づくと守衛さんからアウトの表示が出された。
　学生たちや大学職員たちで賑わうランチの店もあったが、キューバは二重通貨制で、旅行者が使うcucとキューバ人が使う人民ペソに分けられている。最初はキューバ人用のバスに乗ってみたい。お店にも入ってみたい、と意気込んでいたのだが、ほどなく考えが変わった。旅行者はこの国では、旅行者としてのお金を使うべきである。
　冷房の効いた展望台のある高層レストランも、氷をふんだんに使うbarも、絨毯の敷き詰められたホテルも、ベッドメイクされたCASAの客室も、この国の贅沢なものはすべて外貨を稼ぐ産業として観光客に与えられている。そこから得られる収入を、この小さな社会主義国の人たちは分かち合って生活しているのだ。
　夕暮れの迫る街角で、青年からメニューを手渡された。大きなホテルの裏道だった。
　モヒートも飲める、というので行ってみると、恐らくは普通の家のテラスをカフェ風に改造していた店だった。テラスから道を挟んだ向かい側はホテルの搬出入口で、ゴミの臭いが少しした。ここに好んで来る客はいないだろう。氷のないモヒートが出て来た。手振りでイエロ（氷）をいれて欲しい、と伝えると、彼は急いでどこかに出かけていった。そうか、普通の家庭には製氷機付きの冷蔵庫はないんだな。氷が贅沢品であることに気づく。そういえば缶入りの清涼飲料水ばかりが出回っている。移動や保管に手間がいらず、氷がなくても飲めるから。

私はいくばくかのお金を置いて、席を立った。家族らしい女性が嬉しそうに受け取った。
　どんなふうに開店資金を調達して、どのくらいの投資をしたのか。それらを回収できないままに、このカフェは閉店するのかもしれない。
　チップがあり安定しているホテルなどの観光業の仕事は、ローテーションでシェアされている。移動手段である人力車も、おんぼろタクシーも、最新タクシーも、観光バスも料金は同じで5cucだった。これらは観光客のためのものであり、労働は公平なのである。
　キューバでの最大の目的だった、キューバ国立バレエ団の公演は、たしかにあるはずだった。テレビのインフォメーションでアナウンスがあったという。本来であれば公演が行われるはずの劇場はホテルプラザのすぐ近くだったが、あいにく大規模補修、改装中である。となると、公演はどこであるのか？　改装中の劇場にそれらしき案内はないかとおもったのだが、ない。CASAのハナさんが２時間以上もかけてあちこち電話で問い合わせてくれたのだが、それでもわからない。どこに電話すればチケットを売っている場所がわかるのか、公演会場を教えてもらえるのか、どうしてもわからないのだ。どうやら国内における芸術活動とは教育であって、芸術を享受するための国民に向けられたサービスのインフラはない、ということらしい。残念ながら諦めざるを得なかった。
　画家は育てるが、美術館は観光客のものだった。ジャズのライブがあるライブハウスも、客は観光客でキューバ人にとっては職場だった。キューバのおっさんやおばさんたちと飲んだり歌ったりする、という

私の野望は、はかなくも消え去ることとなる。
　街角には音楽があふれているが、彼らはすべてきちんと音楽教育を受けたプロであり、観光業の担い手である。キューバ人とカフェやクラブに行こうとすれば、こちらが支払いを持つのは当然と言えば当然で、支払うべき通貨は観光客のための通貨なのだから。
　陽気なこの国の男たちが、通りすがりに声をかけてくる。
　チーノ、チーノ！　ニーハオ！
　絶対に買っては行けないといわれていた葉巻の密売業者？　もいる。
　ボニータ！　には恐れ入ったが、いきなりグァンタナメラを歌いかけられたことや、小さな男の子にプリマベーラ！と呼びかけられたときには、アイスクリームくらい奢ってやればよかったと少し後悔した。肉体労働者風の老人から、いきなりレディのように丁重に道を譲られたときには、おもわず満面の笑みで返した。
　巨大なアメリカを前にして、背筋を伸ばして対峙し続けたこの国が一番苦しかったのは、旧ソ連が崩壊した時なのだという。国中が、明日食べるものがない、という危機の中で、それでもこの国らしさを持ち堪えられたのは、それまでのあまたの歴史の波を乗り越えてきたから、底力があったからに違いない。
　帰国便に乗るために、ハバナ空港に向かった。搭乗手続きを済ませようとすると、はて、トランジットのチケットが渡されない。
　どうしてないのか？　だれにもらえばいいのか？
　これまたわからない。ふと空港内を見渡して、理解する。このなかの誰も、この国から出たことがない。だから誰にもわかるはずはない

のだ、と。とにかくメキシコ・シティまで行くしかない。そしてメキシコ・シティで見事にボーディング・パスの受け取りカウンターを見逃した私は、再び空港内を駆けずり回らなければならなかった。

　私が会得したキューバ思考は、まずは何が問題なのか、問題を解決する方法を知っているのは誰か、解決してくれる人は誰か、という三段思考で乗り切る。それをこれまでの旅で学習していた。しかし帰国後にことの顛末を報告したアレクシスによれば、

「それはスペイン語がものすごくできても、もう一度チケットを買い直させられるケースだよ」

　よく帰ってこられたね、ということだった。必死の形相で旅行行程表にある搭乗便を振りかざし、ボーディング・パス！と叫びながら空港内を駆け回るチーノ顔のオバさんがよほど哀れだったのだろう。トランシーバのような携帯？で何やら確認すると、その場でチケットを再発行してもらえたのだ。

　何一つ、キューバ行きの目的が果たせた訳ではなかった。野外コンサートも、バレエの公演も行かれなかったし、サルサも踊れるようにはならなかった。夕暮れの街角でビールを飲みながら歌ったり踊ったりもできなかった。出国してから成田に着いてまで、すべてのゲートで引っ掛かった。

　あそこがアメリカ大使館だよ、と指さされた建設中の建物は、アメリカとの国交を正常化した今のキューバに何をもたらしたのだろう。ものがない、とは紙がないことだ。ざら紙のようなレストランの薄いインクで印刷されたメニューも、薄暗い室内灯も、お湯だといわれて、

日本ではこれを水というんだと心の中で突っ込んだ冷たいシャワーも、驚くほど種類のない野菜も、製氷機のない冷蔵庫も、これからは薄れていく過去のキューバとなるのだろうか。
　私はただ変わり、消えていくキューバというノスタルジーの尻尾を、ほんの少しかじってみたかっただけなのかもしれないが。

我が内なる"難民"問題
――寄る辺なき"人間"を生み出している社会――

皐　一
By　Hajime　Satsuki

　今、世界は難民問題をめぐって揺れている。一方で、ここ日本では、EUのように難民が押し寄せていないし、トランプのようにメキシコ国境に強固な壁を作ろうと宣言もしていない。日本には難民問題は存在しないかのように見える。それは国際的に難民を排斥するという空気の中で、我が国が難民入国を厳しく制限してきたことが黙視されているからである。しかし、この三月、政府は、家事労働に従事する東南アジアからの人材の入国を認めた。労働力として利用価値のある人間は入国させるが、難民は御免被るという訳である。この外国人労働者に家事労働を依存するというやり方は、これまで中東の石油産油国の富裕層の間に見られた傾向であり、おそらく、我が国でもこうした階層の人々の需要に応えるための対策であろう。この富裕層の出現は

同時に多くの貧困層の出現を意味し、それは学力差にも反映しており、奨学金の無料給付や給食の提供の必要性が、最近、マスコミでしばしば取り上げられているところである。

またこのことは、毎日のようにマスコミを賑わせている待機児童問題とは別の次元の議題に見える。しかし、全く無関係と言えるのか。不定期雇用者とともに貧困家庭の増大は、夫婦共働きをしなければ暮らしていけない階層の増大も意味している。1990年代から政府は、将来の高齢者社会における労働人口減少防止の需要課題として少子化対策に取り組んできた。しかし、少子化に歯止めはかからず、待機児童の解消は現在も二、三割しか達成していない。こうした状況の中でこの国に生まれ育つ新しい世代（子ども）はどういう存在として大人達から扱われているのか。今の親は子ども達とどう向き合って生きているかを問うてみる必要がある。

若い世代にとって子育ての課題は何か

草食系の人々が増えているという現代。彼等にとってセックスとは何だろう。生物種にとって性は生殖、種族保存の本能であり、発情期にのみ出現する現象であった。ゆえに優秀な子孫を残すためには、生殖は強者のみが独占する特権でもあった。しかし、霊長類の中で交尾を経て、出産後、新生児を養育する文化が生まれることで、優生生殖を維持するためのヒエラルキーが崩壊し、チンパンジーに見られるように交尾の自由と養育が並行する社会が生まれた。性行為が日常化す

る中で、生殖と育児のためだけの行為ではなく、快楽としてそれらを実現してきた人間が、その延長上に婚姻制度を成立させてきたと考えられる。しかし文明の発展は、生殖行為であった性の営みを人為的に制御することで、それを分離した快楽行為とする知識を人間にもたらした。これは貧困対策などにおける人口抑制策として人類に貢献する側面を持ちながら、他面において、特に一夫一婦婚姻制度の重要な要因を崩したといえる。この性の自由はトランスジェンダーの観念をも容認し、現代人に自由の概念の徹底化を促す一方で、婚姻関係と育児との制度的必然性をも解き放つことになる。つまり、生殖、育児、性生活のありようと、婚姻制度が結びつく必然性はなくなり、婚姻という誓約は、関係を持つ大人達の内面性に依拠するのみとなった。子どもの権利条約が生まれ、その生存権が侵された時、子どもは肉親の親を訴える権利を持つのはこのゆえである。

　では、子どもの日常生活は歴史的にどう変化したか。私のように終戦後の生活を知る者からすれば、この時代に夢見たアメリカ社会そのもの、いやそれ以上の生活が実現している。電子化され、自動化された日常性、省力化された快適な暮らしがある。ただし、子どもにとってはこれがあたりまえの現実で、これ以外を知らない。しかもこの生活は100%親の賃労働に支えられているので、親はこの体制の維持に専念しなければならない。

　一見豊かに見える現代の家庭生活は、消費文化に支えられている。この豊かさは、ハードの面では電子化による自動化、省力化と、ソフトの面では貨幣と消費財の交換という行為で成り立っており、教育、

福祉、娯楽といった側面も、お金を払って外部に依存する家族がほとんどである。つまり、家族のメンバーとしての絆を形成する行為としての食事（料理を作る―テーブルを囲む）が最も成立しがたく、個食の家庭が大多数である。家事労働者の輸入に見られる労働の消費行為化は富裕層だけでなく、今や日本の家庭の一般的傾向なのである。この中で、親達にとって、育児はどう受け止められているのであろうか。

　かつて育児は家事労働の一部であった。現代のように様々な電子機器がない時代の家事労働は、体力的にも疲労を伴うものであった。それゆえ、家事の中での育児は幼児との応答性があり、養育者にとっては癒し効果を持つものであった。とりわけ、嫁姑の上下関係においては、家事労働は隷属関係でもあり、その中での育児は嫁にとってはむしろ自分を取り戻すという意味で癒し効果の方が大きかったといえる。しかし、電子機器による家事の省力化は、家事労働の簡素化や軽減を生み出した。それに代わって、現代の養育者の立場に立たされている主婦層にとっては、簡単な家事労働に比べて、育児はますます「思うようにならない」仕事になってしまっている。それが育児へのつらさが発生した第一の心理的要因と言える。第二に、昭和40年代以降の核家族のもとで育った世代は、兄弟姉妹数が少なく、自分の親の育児から知恵を伝承する機会もほとんどなく、子育てが初体験であるということも親に困難さを抱かせている。第三に、我が国の労働環境が伝統的に男性は就労、女性は家事育児という分業感覚や習性があるゆえに、男女共同参画社会のスローガンが謳われる時代になっても、男性の育児参加は促進されていないし、今日、政府主導で展開されている

残業体制の廃止、労働時間の一括規制のもとでも、直ちに改善される道筋は見えない。第四に、消費文化が支配する状況下で、専業主婦の立場に立たされている女性にとって、育児に従事するより賃金労働に参加し、自己収入を獲得することで自立したいという要求は強い。第五に、現代社会の子育てが伴う育児不安がさらに心理的困難さを生んでいる。

現代社会における育児がもたらす育児不安

　現代の親達が自分の子どもについ言ってしまうセリフがある。それは「ぐずぐずしないで」や「早くしなさい」である。なぜ、この言葉が出てしまうのか？　私は自分の論文の中で、この理由を「養育者と幼児との対応と、大人同士の関係の取り方ではペース配分に大きなズレがある」とした。例えば乳幼児に離乳食を与える場合、幼児に合わせて、ゆっくりとしたペースにすることが必要だ。胎児の時点では、母体の生存のリズムと胎児の生存のリズムはほぼ一致している。時に両者の不協和が"つわり"として現れる。誕生後も新生児の睡眠と授乳のリズムに対して養育者が合わせていき、やがてこの一致させる行為が確立するにつれて、例えば食事時間の習性などで、幼児側が大人の生活習慣に従うようになる。この養育者と乳幼児との応答関係の独自性は、古代も現在も変わらず守るべきものであり、これを私は"カップリング"と呼んで特別視すべきだとした。理由は、人間だけが言語コミュニケーションが可能であるが、新生児はそのために必要な応答

性を生まれつき持っており、養育者が新生児に対面して舌を出すと、新生児もそれに応ずる。養育者は養育過程でこの応答のリズムによる対応を重視し、育てていく必要があるからである。しかし現代の日常生活において、養育者は妻であり、社会人として大人同士のつきあいがある。そこでは、通勤時の駅の改札のように年々リズムがスピードアップしている。大人同士の関係や社会システムの高速化と、幼児と対応するカップリング関係のリズムとのズレは、ますます拡大しつつある。養育者はこの二つの生活時間のズレに対応しなければならない。これが「ぐずぐずしないで」「早くしなさい」のセリフが多発される理由であり、苛立ちの要因になる。多くの親が就労条件確保のために強く待機児童解消を叫ぶもう一つの背景がここにある。

児童虐待の現実とどう向き合うか

今年3月9日、毎日新聞夕刊に、2016年に児童相談所に通告した18歳未満、54,227人の子どもの虐待件数（前年比46.5％増）のうち、傷害容疑1,113人（31.1％増）、被害を受けた子ども1,108人（29.8％増）、この内訳全体の7割は、暴言による心理的虐待37,183人（53.9％増）、身体的虐待11,165人（35.2％増）、食事を与えないなどのネグレクト（育児怠慢・拒否）5,628人（27％増）、性的虐待251人（46.8％増）とあった。

こうした虐待の一例を、ある保育園園長の話から紹介しよう。先月、この保育園の1歳児の身体が傷つけられているのを保育士が発見し、

当然の義務として園長の判断で児童相談所に報告した。児童相談所はその事実を確認し、親に呼び出しをかけた。親はそのことを知るや、保育園長や保育士を相手どって、「なぜ児童相談所に報告したのか」と、執拗に非難し続けたそうだ。そして、子どもの身体の傷については、「それは子どもの躾のためだ」と言い、反省のかけらも示さなかったという。こうした例はけっして稀ではない。保育園側で弁護士を採用している園も出始めている。子育てへの拒否的反応は一見問題のない親にも現れており、二人目が生まれると、一人目の幼児への育児はできないと、育児放棄を平然と告白する親もいる。

　こうした状況を、現行の保育制度は量と質の面で救済する状況にはない。児童相談所も同様である。私の指導で学位論文を獲得した研究者は「児童相談所は、育児能力の点で市民としての資格に欠ける家族を指定し、一時的に子どもを保護する機関に過ぎず、制度的に子どもが安住できる居場所になっていない」と言っている。先の例でも、児童相談所からの呼び出しに対し、親は体調不良を理由に応じていない。

　子どもにとって、家庭は愛され慈しみ育てられる環境のはずである。それは難民にとっての故郷としての母国に等しい。しかし、その故郷が戦火に見舞われて難民となる。虐待を受ける子どもにとって、現行の保育施設は、一時的な難民収容所に等しいと言えるのではないか。どんな虐待にあっても、子どもは親のもとに帰りたがるのである。難民にとっての母国のように。自分達の自己中心的な欲望と脆弱な意思で、生まれてきた新しい命を守り育てる意思を放棄し、その命を自分達の欲望を妨げる障害物のように扱い、挙げ句の果てに「子どもの躾

だ」と言いたてる大人の身勝手は許しがたい。とはいえ、これを自己責任にして見過ごすことはできるだろうか。こうした扱いを受けた子どもがやがて大人となり、幼児期に受けた心の傷を怨念として報復する可能性を私は恐れる。難民の創出こそテロの要因であると。我々は、難民を関わり知らぬという態度で擬似的に平和を維持しながら、内なる"難民"＝棄民を生み出しているのかもしれない。

　思えば、福島原発から避難した家族の子どもが、神奈川、東京、新潟でいじめにあった事例、沖縄の基地反対住民を「土人」呼ばわりにした事例、いずれも自分の故郷の喪失の危機にあった人々を排斥しようという現代の日本社会の空気である。それは、我々社会の多数派の見えない姿勢が生み出す"難民"問題ではないか。

これからの出版に感じること

向 井　槙
By Maki Mukai

　2010年頃から「本が売れない」「出版不況」といった記事をたくさん見かけるようになった。正しく言えば、ベストセラーやロングセラーは昔も今もしっかり売れているのだが、それ以外の本の動きが鈍いのだ。実際、日本の出版物の総販売高は年々減る傾向にあるし、ここ3年で4つの中堅取次（本や雑誌の卸売業。国内には約20社の大手中堅取次がある）が買収されたり廃業したりしている。肌感覚でも不況感はある。2000年以前は日曜午後に都心の大型書店を訪れると、年齢層も様々な人々で全階ごった返していたものの、今は乗降客の多い駅ビル書店でも「お客さんが少ないなぁ」と感じてしまう。
　一方で、ここ数年は「出版社を始めました」という話も、よく聞くようになった。私がそういう情報が入りやすい場にいるというのもあるが、"ひとり出版社"関連の本が出てきた影響もあると思う。主に

編集者やライター、クリエイターが「自分の好きな本を作りたい」と、ひとりもしくは数人で出版を始めるケースが増えている。

元祖は2003年に出た『ひとり出版社「岩田書院」の舞台裏』（無明舎出版刊）だろう。世田谷で創業した歴史民俗専門の出版社の話である。その後『日本でいちばん小さな出版社』（2007年晶文社刊）、『あしたから出版社』（2014年夏樹社刊）、『"ひとり出版社"という働きかた』（2015年河出書房新社刊）、『小さな出版社のつくり方』（2016年猿江商會刊）などが刊行された。最近は"ひとり書店"や"独立系書店"も話題になっていて、『本屋、はじめました―新刊書店Title開業の記録』（2017年苦楽堂）、『ローカルブックストアである 福岡 ブックスキューブリック』（2017年晶文社）という本も出ている。また2017年5月には神保町のかもめブックスが「ことりつぎ」プロジェクトで、書店を開きたい人の支援を始めた。（http://kotoritsugi.jp/）

私が出版界の動きに敏感になったのは2007年秋のことだ。アメリカでAmazon Kindle（電子書籍を読むタブレット）の第1世代が発売され、面白いことになると予感した。日本でも利用できると噂で聞いたのでアメリカから取り寄せてみたら、タブレット自体が軽いし、紙の本を読むのに似て目に負担が少ない（液晶画面のように目がチカチカしない）、試しに洋書を注文したら10秒後にダウンロードが始まった。書籍なら1,000冊のデータが保存できるというのにも驚いた。

ちょうどその頃、日本の出版界では大量返品や大量断裁が問題になっていた。新刊本の返品率（書店に卸した本が出版社に返品される

比率)が平均40％を超え、書店から返品された本が、出版社の契約する倉庫会社で大量断裁されていた。私が中堅の倉庫会社に打ち合わせに行った折も、数ヶ月前に刊行された本が20台のカートに山積みされ、屋外に放置されていた。「この前私が買った本、面白かったです」と言うと、倉庫の担当者は一瞬はっとした表情をして「これから断裁するんです」と呟いた。思いがけなく初めて目にした断裁の現場に、私の心は乱れた。過剰に刷って(多く刷るほど印刷単価が下がるので)、ひとまず全国の書店に送り(大手出版社の本は書店に自動的に配本されるので)、書店から戻ってきたら人知れず断裁して古紙回収や廃棄する。編集ライターの仕事で多品種多品目の記事を量産しながら、本や雑誌の最期に意識を向けていなかった自分を知らされた瞬間だった。

　Amazon Kindleは、その5年後の2012年秋に日本で販売が始まった（Kindleストアも同時期に開設）。出版界ではその半年前くらいから激しい物議が起こっていたが、私が興味を持ったのは、Amazon Kindleの日本販売と同時期に始まったプリントオンデマンドサービス（現KDP＝キンドルダイレクトパブリッシング）だった。

　これはアメリカで2000年頃から始まっていたサービスで、作家はもとより本を出したい人がAmazonに原稿のデータを送れば、誰かから注文があるたびにAmazonが本を刷り、注文主に届けてくれるという仕組みだった。この仕組みがうまくいくなら、出版社でなくても本を作ることができるし、地球環境の保全に逆行するような過剰な印刷をしなくても、必要量の本を販売することができる。勇んだ私は

Amazonに連絡をとってさっそくサンプルを見せてもらったが、当時のプリントオンデマンドの本は紙がペラペラで、印刷も安価なコピーのような粗さで、「本」と呼ぶにはためらってしまう状況だった。ただし印刷製本の品質が上がってくれば、やがて誰もが自由に、環境にも優しく、金銭の負担も少なく（当時は自費出版に200万円が必要と言われていた）、出版できるようになると思った。

　それからさらに5年が過ぎて2017年、プリントオンデマンドサービスはAmazonのみならず様々な企業で展開され、しかもかなりの進化を遂げている。印刷製本の品質はオフセット印刷と比べて遜色がないほどに向上した。印刷会社やコピー機メーカーは性能や価格をさらに改善させているし、大手出版社やIT企業は自社の印刷物を必要に応じて社内のオンデマンド機で制作したり、オンデマンドによるセルフパブリッシング（自費出版）の支援を行ったりしている。

　たとえば書きためたものを1冊にまとめしたり、紙の本として10〜100部程度印刷したいなら、「本　印刷」や「自費出版」で検索すれば、インターネットのやりとりでコストを抑えた少部数対応の印刷会社や出版のサポート会社がヒットする。多少値が張っても、対面で編集などのアドバイスも受けながら本を出したいなら、三省堂書店の自費出版事業である創英社など、ベテランのサポート会社もある。せっかくなら名の知れた出版社で本を出したいなら、「企画出版」で検索する方法がある。文芸春秋や幻冬舎、朝日新聞出版、中日新聞なども企画出版に対応している。市場性のある企画と判断されれば、販

売面でも積極的にサポートしてもらえるかもしれない。

　また、電子書籍を出したいなら「電子書籍　出版」で検索すれば、かなりの情報を得ることができる。たとえば講談社は2017年4月に「じぶん書店」を立ち上げ、誰でも簡単に「マイ電子書店」を開設できるサービスを始めた（https://www.jibunshoten.com/top）。開設費は無料で、マイ電子書店を通じて電子書籍が売れたら、販売価格の10％のアフィリエイトコインが付与される。すでに数万人のクリエイターが登録している「note」は、エッセイや小説、音楽、写真などの作品を、自分の設定する価格で販売できるサービスで、ファンと直接交流を図れる機能なども備えている（https://note.mu/）。

　電子書籍の出版サポートは、紙の本のサポート以上に多く、挙げ始めるときりがない。編集やデザイン、epubなどの知識があるなら、自力で好きなように本を作って販売すればいいし、編集やデザイン、宣伝などのうち不得手な部分をプロに相談して、本を制作販売する方法もある。こんなことは2000年以前はあまり考えられなかったし、実行するにしても大変な手間や費用がかかっていた。当時からすれば信じられないほど出版しやすくなったことが、ひとり出版社やセルフパブリッシングの増加にもつながっているのだろう。

　本を読むなら、紙の本か、電子書籍か。電子書籍が登場してからずいぶん経つ今でも意見が分かれるところだが、これについてはそれぞれの読書習慣や生活スタイル、好みで選べばいい話だと私は思う。「電子書籍は本と認めない」という考えの人もいるが、本の読み方の選択

肢が広がったと捉えることもできないか。買いたい本に紙の本も電子書籍も用意されていれば、自分の好きな読み方で楽しめる。さっと目を通す程度の資料本は電子書籍で、じっくり読みたい本は紙の本で、という選び方もできる。もっといえば、アメリカで浸透しているオーディオブックも用意されたら、「目が疲れるので読書がつらい」という本好きの中に「これはいい」と喜ぶ人が現れるかもしれない。同じ題名で紙の本と電子書籍、オーディオブックが書店に並べば、現物を見て聴いて比較して買うこともできる。さらに電子書籍は、月額固定料金の読み放題サービスも始まった。これも賛否両論があるが、読者の気持ちでいえば、これからの読書の選択肢の一つではあるだろう。「本といえば紙の本」が当たり前だった2000年以前とは、本の作り方、流通の仕方、読み方が、がらりと変わってきている。

　私はできるだけ精神的時間的に自由の身でいたくて出版の仕事を選び、フリーランスの立場を好んできた。それだけに新しいことへの抵抗感がやや薄いのかもしれないが、新しい仕組みで出版の自由が広がり、読書の楽しみが増し、地球の環境や人の社会にプラスになるなら、できる限り受け入れたいと思っている。出版がこれからも表現したい人と読みたい人、その仲立ちをする人にとって快適なフィールドであるように、同時に、出版の仕事を愛している人々が、これからもこの世界で生き続けられる方法が見つかればと思っている。

追記　とびうめ創刊号からAUTHOR'S 6まで編集を担当しました。
　　　これまで頂いた温かい励ましに深謝します。ありがとうございました。

PROFILE 今号の作家プロフィール

青山 京子（あおやま きょうこ）
子供服の会社に勤務後、1994年よりフリーランス。主に雑誌、書籍、広告、最近はwebの仕事など。最近の活動として、ギャラリーハウスmayaにて【僕らのThe Collectors】を嶋津まみと企画展示。歌詞とイラストの組み合わせがとても楽しい展示となった。小林ヨシオ氏の詩からは自分では思いつかない世界が広がるので、このスタイルで少しずつ描いていきたい。

小林ヨシオ（こばやし よしお）
東京都出身。1989年メジャーレーベルより、ザ・ストライクスでデビュー。作詞・作曲を手がけ、ザ・ヤング・フォークスとして活動中。(http://theyoungfolks.blog60.fc2.com/)

ガルチン・アリヤ
1974年中国内モンゴル自治区生まれ。2001年日本へ留学。東京大学大学院学際情報学府社会情報学修士学位取得。その後、イギリス、シンガポールなどに留学及び就職。現在、中国内モンゴル自治区ある大学に教師として勤務中。

一宮 晴美（いちみや はるみ）
神奈川県出身。都内総合広告代理店を経て、一部上場企業ハウスエージェンシーにて広告宣伝業務に従事。直近の創作活動として、芸能事務所主催 舞台公演のためのオムニバス作品が都内ホールにて上演。朗読劇脚本「チェンジ」「先生の点呼。」「私色に染まる、君の色。」など執筆。

夏川 夏奈（なつかわ なな）
テレビ番組制作の経験を生かしながら、2012年より執筆活動を始める。雑誌、ウェブなどで女性向けの記事を担当するほか、小説、エッセイを執筆。33ブックス1『いつかはきっと』で初の作品集を出版。

星埜 恵子（ほしの けいこ）
美術監督。1964年から油彩を学び、70年から舞台美術、75年から映画美術を手がける。80年、文化庁芸術家在外研修(仏2年)。帰国後は日仏合作映画、舞踏・歌舞伎の欧米公演やカントル、ヤン・ファーブル等日本公演にスタッフ参加。内外のアーティストと協働創造を企画展開。最近は国立歴史民俗博物館第6展示室常設『浮雲』撮影セット再現監修、『LECTURES 2007－2015　池田龍雄講義録』編集、横浜開港アンデパンダン展出品および特別展示・上映企画など。

吉村 久夫（よしむら ひさお）
1958年早稲田大学卒業後、日本経済新聞社入社。日経ビジネス編集長、日経BP社長などを歴任。近著に『歴史を創った人たち―佐賀ものがたり』(佐賀新聞社)、『歴史は挑戦の記録　十三湊と安東氏のものがたり　相馬御厨と千葉氏のものがたり』(企業家倶楽部)など。

志治美世子（しじ みよこ）
50代も後半となって謡と仕舞(金剛流)の稽古を始める。『東京江戸謎解き散歩』廣済堂出版、『信長の朝ご飯、龍馬のお弁当』『大貧乏大逆転』毎日新聞社(いずれも共著)他。『ねじれ　医療の光と影を越えて』集英社にて第五回開高健ノンフィクション賞受賞。趣味は他に連句、いっこうに上達する気配のないテニス、舞台・音楽鑑賞など。

皐 一（さつき はじめ）

（小川博久）1936年東京生まれ。6歳から伊豆大島で育つ。早稲田大学教育学部卒、東京教育大大学院博士課程満期退学、北海道教育大学釧路分校講師。1981年東京学芸大学幼稚園教育教員養成課程助教授、2000年日本女子大学、2005年聖徳大学教授を経て2012年退職。子どもの遊びや文化、保育の研究を進める。共著に『遊び保育の実践』『子どもの「居場所」を求めて』（ななみ書房）などがある。

向井 槇（むかい まき）

出版社勤務を経てフリーライター。企業経営者や著名人インタビューを中心に、雑誌、単行本などで執筆、編集に携わる。2006年より創作を始める。芝居台本に『カンカンキネマ』ほか。近年はゲームシナリオを担当。人工知能学会（The Japanese Society for Artificial Intelligence）会員。

■とびうめ・KOO・AUTHOR'S 刊行一覧■

誌名	発行	執筆者
フィクション誌 とびうめ 1(創刊号)	2007年 4月	荻久保愛子、向井槇、多賀たま子 他
とびうめ 2	2007年10月	尾高とく美、みのたか子、本郷やよい 他
とびうめ 3	2008年 4月	荻久保愛子、長谷川荘介、佐藤れい 他
とびうめ 4	2008年10月	佐藤れい、尾高とく美、みのたか子 他
とびうめ 5	2009年 4月	銀瀧、丸場さら、本郷やよい 他
ノンフィクション誌 KOO 0 (創刊準備号)	2009年9月	山田邦紀、坂本俊夫、長谷川荘介 他
とびうめ 6	2009年10月	湊麻美、佐藤れい、多賀たま子 他
KOO 1 (創刊号)	2010年 2月	青山京子、浜田竜之介、坂本俊夫 他
とびうめ 7	2010年 4月	丸場さら、佐藤れい、向井槇 他
KOO 2	2010年 7月	本郷やよい、山田邦紀、長谷川荘介 他
とびうめ 8	2010年10月	銀瀧、湊麻美、荻久保愛子 他
KOO 3	2011年 1月	滝島英男、浜田竜之介、尾高とく美 他
とびうめ 9	2011年 4月	山崎ふら、佐藤れい、多賀たま子 他
KOO 4	2011年 7月	皐 正、高橋陽介、長谷川荘介 他
とびうめ 10	2011年10月	山崎ふら、佐藤れい、丸場さら 他
KOO 5	2011年 7月	吉村久夫、皐 正、滝島英男 他
とびうめ 11	2012年 4月	青山京子、夏川夏奈、湊麻美 他
KOO 6	2012年 7月	石川直彦、高橋陽介、吉村久夫 他
とびうめ 12	2012年10月	丸場さら、多賀たま子、荻久保愛子 他
KOO 7	2013年 2月	高橋陽介、坂本俊夫、浜田竜之介 他
とびうめ 13	2012年 4月	夏川夏奈、尾高とく美、山崎ふら 他
KOO 8	2013年 7月	山田邦紀、滝島英男、浜田竜之介 他
とびうめ 14	2013年10月	佐藤れい、本郷やよい、湊麻美 他
KOO 9	2014年 1月	長谷川荘介、坂本俊夫、高橋陽介 他
とびうめ 15	2014年 4月	小林ヨシオ、一宮晴美、吉村久夫 他
AUTHOR'S 1 (創刊号)	2014年 6月	佐藤れい、夏川夏奈、坂本俊夫 他
AUTHOR'S 2	2014年11月	田村幸、巽彰、石川直彦 他
AUTHOR'S 3	2015年 4月	山本美智代、五十嵐秋子、皐一 他
AUTHOR'S 4	2015年11月	藤木朗皓、山崎ふら、尾高とく美 他
AUTHOR'S 5	2016年 8月	酒井佐忠、志治美世子、星埜恵子、鳥居明雄 他

表紙イラスト・装丁	青山京子
編集	金澤 隆、向井 槇
印刷・製本	デジタル・オンデマンド出版センター
	三省堂書店
電子書籍制作	Book Live!

AUTHOR'S 6

2017年7月20日　初版発行

編　者	まむかいブックスギャラリー
発行者	木村由加子
発行所	まむかいブックスギャラリー
	東京都港区芝浦3-14-19-6F
	TEL.050-3555-7335
	URL www.mamukai.com

＊各作品の著作権は、それぞれの著者に帰属します。
＊文中の表記は、著者の表現に準じています。

＊落丁・乱丁本はお取り替え致します。
＊本書の一部あるいは全部を無断で複写複製することは、
　法律で認められた場合を除き、著作権侵害となります。

Printed in JAPAN